M. Renan Atalay-Balkan

Echt türkisch kochen

Reizvolle Original-Rezepte
und Küchentips

GU

Gräfe und Unzer

Umschlag-Vorderseite:
Diese mit Zwiebeln, Tomaten, Knoblauch und Peperoni gefüllten Auberginen schmecken so gut, daß es das Religionsoberhaupt, den İmam, einst glatt umgehauen hat. Rezept Seite 13.
2. Umschlagseite:
Die Fleischwürfel werden für die Marinierten Fleischspießchen einige Stunden in einer gewürzten Essig-Öl-Marinade eingelegt. Wenn Sie noch Gemüse mit auf den Spieß stecken, sieht es besonders appetitlich aus. Rezept Seite 35 (Variante).
3. Umschlagseite:
Die vorgegarten Äpfel werden mit einer Masse aus Haselnüssen, Sultaninen und Gewürzen gefüllt. Mit dem Eischnee-Turban als Krönung werden sie überbacken. Rezept Seite 52.

CIP-Titelaufnahme der Deutschen Bibliothek

Atalay-Balkan, Melek Renan:
Echt türkisch kochen : reizvolle Orig.-Rezepte u. Küchentips / M. Renan Atalay-Balkan. - 1. Aufl. - München: Gräfe u. Unzer 1988
(GU-Küchen-Ratgeber)
ISBN 3-7742-1020-9

1. Auflage 1988

Redaktion: Elisabeth Döpp/
Adelheid Schmidt-Thomé
Herstellung: Ulrike Laqua
Farbfotos: Fotostudio Teubner
Zeichnungen: Gerlind Bruhn
Umschlaggestaltung: Heinz Kraxenberger
Satz und Druck: Appl, Wemding
Reproduktionen: Brend'amour, Simhart & Co.
Bindung: R. Oldenbourg
ISBN 3-7742-1020-9

Die Autorin:
M. Renan Atalay-Balkan stammt aus der ägäischen Region der Türkei. 1963 kam sie zum Studium der Keramik und Kunstgeschichte nach Deutschland. Wie in den meisten türkischen Familien wurde bei ihr zu Hause gerne gekocht. Und so ist es nicht erstaunlich, daß auch bei ihr Freunde und Gäste traditionell mit den schönsten türkischen Gerichten verwöhnt werden. M. Renan Atalay-Balkan gibt seit 1979 an der Volkshochschule in Köln Sprach- und Kochkurse.

Ich danke hiermit Hanne Flintrop, die mit mir die Rezepte ausprobiert und mich bei der Auswahl und Gestaltung mit Rat unterstützt hat.

Sie finden in diesem Buch

Ein Wort zuvor 4

Besonderheiten der türkischen Küche 5

Suppen 7
Hochzeitssuppe 7 · Strandsuppe 7 ·
Almsuppe 8 · Zwiebelsuppe 8 ·
Fischsuppe 9 · Botschaftersuppe 9 ·
Kuttelflecksuppe 10 · Grüne Linsensuppe 10

Vorspeisen und kalte Gerichte 11
Sellerie in Olivenöl 11
Artischocken mit Möhren und Erbsen 11
Weinblätter, gefüllt mit Reis und Pinienkernen 12
Den Imam hat's umgehauen 13
Dicke Bohnen in Olivenöl 14
Weizengrütze mit Gemüse 14
Blumenkohlsalat 15
Lauch in Olivenöl 15
Zucchini-Möhren-Gericht 15
Zucchinifladen 16
Zucchini mit Käse 16
Okra in Olivenöl 19
Gemüse mit Tomatenpüree 19
Grüne Bohnen in Olivenöl 20
Augenschmaus 20
Rote Bohnen in Olivenöl 21
Türkischer Pilaw 21
Weiße-Bohnen-Salat 22
Reis mit Kastanien 22
Reiskuchen 23
Krabbenreis 23
Reis im Käfig 24
Gemischter Reis 24
Auberginen mit Mayonnaise 25
Auberginensalat 25
Hirtensalat 26
Gurken mit Joghurt 26

Fladen, Nudeln, Eigerichte 29
Türkische Pizza 29
Teigblätter mit Käsefüllung 29
Teigröllchen 30
Nudeltäschchen mit Hackfleischfüllung 31
Nudeln mit Joghurt und Hackfleischsauce 31
Rührei mit Gemüse 32
Pochierte Eier auf Knoblauch-Joghurt 32

Geflügel-, Fleisch- und Gemüsegerichte 33
Hähnchentopf 33
Hähnchenklöße 33
Hähnchen mit Spinat 34
Frauenschenkel 34
Marinierte Fleischspießchen 35
Hirn mit Gemüse 35
Auberginen-Musaka 36
Gefüllte Weinblätter 39
Wintereintopf 39
Gegrillte Frikadellen-Spießchen 40
Überbackener Lauch 40
Kichererbsen mit Kutteln 41
Spinattopf 41
Kartoffel-Hirn-Frikadellen 42
Weiße Bohnen mit Fleisch 42
Auberginen mit Hackfleischfüllung 43

Fischgerichte 44
Fischer-Pilaw 44
Fischfrikadellen 44
Sardellen Pilaki 45
Kalmare-Pilaki 45
Krabbenauflauf 46
Bonito à la Ergun 46
Gefüllter Seebarsch in Folie 49
Fischpfanne »Çinarcik« 49

Süßspeisen und Gebäck 50
Grießkuchen mit Zuckersirup 50
Grießhalva 50
Toastbrot in Zuckersirup 50
Nuß-Honig-Schnitten 51
Kandil-Ringe 51
Birnen mit Schokoladenüberzug 52
Äpfel mit Turban 52
Apfelrollen 52
Quitten in Sirup 53
Frauenfinger 53
Hühnerbrustpudding 54
Topfboden 54

Rezept- und Sachregister 54

Ein Wort zuvor

Als ich vor zwanzig Jahren nach Deutschland kam, fiel mir auf, daß es fast keine türkischen Restaurants gab. Dies ist inzwischen ganz anders geworden. Dazu haben nicht zuletzt viele meiner hier lebenden Landsleute beigetragen und die Urlauber, welche auf ihren Reisen durch den Nahen Osten die sprichwörtliche türkische Gastfreundschaft kennen- und schätzen gelernt haben. Und die - wieder daheim - ihre Ferienerinnerungen auffrischen wollten. So gibt es jetzt in größeren Städten meist mehrere Spezialitätenrestaurants, in denen man ausgezeichnete türkische Küche geboten bekommt.
Die Hobbyköche haben heute kaum mehr Schwierigkeiten, die für die türkische Küche notwendigen Zutaten hier zu bekommen. Im Sommer gibt es alle typischen Gemüsesorten frisch auf den Markt. Wer mag, kann sich - wie in der Türkei üblich - Knoblauch, Zwiebeln oder Peperoni, dekorativ zu Zöpfen gebunden, in der Küche aufhängen. Weniger gebräuchliche Zutaten kann man inzwischen in großen Kaufhäusern, Reformhäusern, Naturkostgeschäften oder türkischen Spezialgeschäften erwerben. So macht es keine Mühe, der Familie oder den Freunden original türkische Gerichte zu servieren. Einen Überblick über besondere Zutaten gibt das Kapitel »Wissenswertes über die türkische Küche«.
Die Rezeptauswahl dieses Buches ist so zusammengestellt, daß Gerichte aus allen Regionen des Landes enthalten sind - von einfachen ländlich deftigen Speisen aus den Provinzen Anatoliens wie Winter-Eintopf, Fischer-Pilaw oder Hochzeitssuppe bis hin zu berühmten Nationalgerichten, die über die Türkei hinaus in der ganzen Welt beliebt sind. Dazu gehören Gefüllte Weinblätter, Spießchen oder Baklava (Nuß-Honig-Schnitten). Das Buch enthält außerdem Familienrezepte, wie sie in der Türkei traditionsgemäß von Generation zu Generation weitergereicht werden.
Eine Besonderheit der türkischen Küche sind die Vorspeisen, Meze genannt. Man hat für Freunde, Nachbarn, Verwandte und unerwartete Gäste immer einige fertige Speisen im Kühlschrank. Denn es ist selbstverständlich, daß man jeden Gast mit einer kleinen Spezialität bewirtet. Man reicht sie zum Begrüßungstrunk, dem würzigen Anisschnaps Rakı. Die Hausfrau erledigt inzwischen in der Küche die Arbeiten für das meist schon vorbereitete Hauptgericht. Das Nationalgetränk Rakı wird zu allen Gängen serviert - mit Wasser verdünnt oder pur. Daher kommt der Name der Rakı-Tafel. Dies kann sich über Stunden hinwegziehen, wobei die Geselligkeit im Mittelpunkt steht. Gleichgültig, ob die türkische Hausfrau nun ein einfaches Essen oder Gerichte für eine festliche Tafel zubereitet, sie tut dies stets mit viel Liebe und Fantasie. Hierauf beruht nicht zuletzt der Reichtum der türkischen Küche.
Ich habe die Rezepte so detailliert abgefaßt, daß auch der Ungeübte danach kochen und seine Gäste mit einem original türkischen Gericht überraschen kann. Viele Tips, informative Zeichnungen und Schritt-für-Schritt-Fotos machen auch komplizierte Arbeitsabläufe leicht nachvollziehbar, so daß alles auf Anhieb gelingt.
Die brillanten Farbfotos geben Ihnen eine Vorstellung davon, wie die fertigen Gerichte aussehen. Ich wünsche Ihnen viel Spaß bei der Zubereitung, besonders aber bei der geselligen Tafelrunde, an der Sie sicher viel Lob von Ihren Freunden erhalten werden.
Afiyet olsun!
Guten Appetit!
Viel Freude mit Gerichten der türkischen Küche wünscht Ihnen

Melek Renan Balkan

Besonderheiten der türkischen Küche

Das heutige Warenangebot in großen Kaufhäusern, auf den Wochenmärkten und in Spezialgeschäften macht es dem Hobbykoch und der Hobbyköchin leicht, die für die türkische Küche typischen Zutaten zu kaufen. Der nachfolgende Überblick gibt für den richtigen Umgang mit ihnen nützliche Hinweise und Informationen.

Ayran: Für dieses Joghurt-Getränk, das im Sommer gerne zu herzhaftem Gebäck gereicht wird, vermischen Sie 500 g Joghurt mit ⅛ l Wasser und schmecken mit Salz ab.

Fladenbrot (Pide): Wenn Sie keine Gelegenheit haben, dieses beliebte Brot zu kaufen, können Sie es auch selbst herstellen. Sie benötigen 1 Päckchen Hefe, 500 g Weizenmehl, etwa ⅛ l Wasser, Salz, 1 Eigelb, 1 Teelöffel Olivenöl, ½ Teelöffel Zucker und Sesamsamen. Lösen Sie die Hefe in lauwarmem Wasser auf und verarbeiten Sie sie mit Mehl und Salz zu einem weichen Teig, den Sie etwa 20 Minuten zugedeckt gehen lassen. Dann formen Sie mit den Händen Fladen, die in der Mitte etwas dünner sind, bestreichen sie mit einem Gemisch aus dem Eigelb, dem Öl und dem Zucker und bestreuen sie mit Sesamsamen. Nach 10–15 Minuten Backzeit bei 200° sind die Fladen fertig.

Joghurt: Joghurt wird in der türkischen Küche gerne verwendet. Die türkische Hausfrau bereitet ihn häufig selbst zu. Dafür 1 l frische Vorzugsmilch kochen und auf etwa 40° abkühlen lassen. 4 Eßlöffel Joghurt teelöffelweise einrühren und die Milch, verschlossen und in eine wärmende Decke eingeschlagen, an einem ruhigen, warmen Platz 18–20 Stunden stehen lassen; dann kühl stellen. Besonders einfach läßt sich Joghurt heute auch mit elektrischen Joghurt-Bereitern herstellen.

Knoblauch-Joghurt: Viele Gemüsegerichte, besonders kalte Auberginen- und Zucchinispeisen, schmecken mit Knoblauch-Joghurt ausgezeichnet. Dafür 125 g Joghurt mit 2 gepreßten Knoblauchzehen und Salz abschmecken.

Kaşar-Käse: Kaşar-Käse wird traditionell aus Schafmilch hergestellt und schmeckt so am besten. Inzwischen kann man aber auch Kaşar-Käse aus Kuhmilch kaufen.

Minzblätter: Während man hierzulande die Minze hauptsächlich im Tee kennt, verwendet die türkische Küche sie als Küchenkraut. Die Gerichte erhalten durch die Minze eine gewisse Schärfe und eine feine Frische. Gemüsegerichte und Hackfleischfüllungen bekommen einen besonderen Pfiff. Minze können Sie gut im Garten oder auf dem Balkon im Topf ziehen.

Okra: Dieses feine Gemüse, das immer häufiger im Sommer frisch auf dem Markt angeboten wird, darf beim Abschneiden der Stiele nicht verletzt werden, da sonst der zähflüssige Fruchtsaft ausläuft. Wie Paprikaschoten und Peperoni werden die Okraschoten in der Türkei im Sommer auf Fäden aufgezogen und zum Trocknen aufgehängt, so daß für die Wintermonate ein Vorrat vorhanden ist. Vor der Verwendung werden sie dann 1–2 Stunden in Wasser eingeweicht.

Paprika-Butter: Zum Verfeinern von Suppen und zum Rösten von Weißbrotwürfeln wird gerne Paprika-Butter verwendet. Dafür in der Pfanne in 2 Eßlöffeln Butter 1–3 Teelöffel Rosenpaprikapulver rösten. Nicht zu heiß werden lassen, da das Paprikapulver rasch verbrennt und dann bitter wird. Für Suppen können Sie eine größere Dosis wählen. Für Weißbrotwürfel sollten Sie gerade so viel nehmen, daß sich die Würfel rot färben.

Paprikapulver: Dieses Gewürz ist charakteristisch für die türkische Küche. Wenn Sie nicht an scharfe Speisen gewöhnt sind, sollten Sie zunächst zurückhaltend dosieren. Die Würzvorschläge in den Rezepten dieses Buches sind geschmacklich eher milde ausgerichtet.

Peperoni/Spitzpaprika: Die hierzulande als Peperoni bezeichneten kleinen Schoten aus der italienischen Küche heißen in der Türkei Spitzpaprika (Sivri Biber). Diese türkische Art ist immer häufiger auf den Wochenmärkten unter der Bezeichnung Peperoni oder Spitzpaprika anzutreffen. Spitzpaprika türkischer Art sind milder als italienische Peperoni. In den Rezepten dieses Buches ist natürlich die türkische Art gemeint. Aus diesem Grunde finden Sie dort auch stets den Hinweis darauf, daß milde Peperoni/ Spitzpaprika verwendet werden sollen. Wenn Sie nur scharfe Peperoni bekommen können, kombinieren Sie 1 scharfe Peperoni mit 1-2 grünen großen Paprikaschoten. Sie haben dann einen ähnlichen Effekt, wie wenn Sie 5-6 milde Spitzpaprika verwenden.

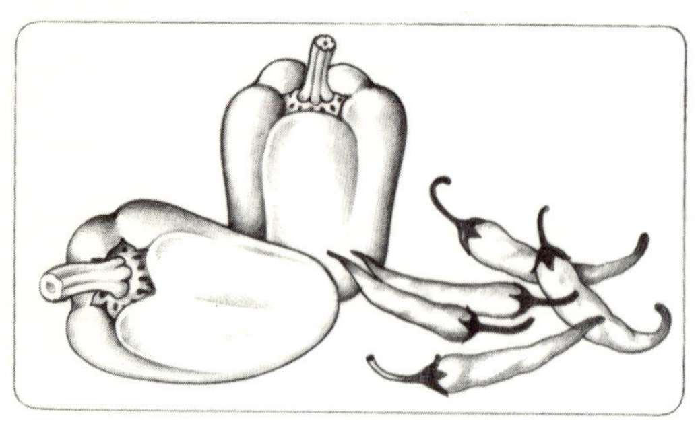

Die türkischen Peperoni sind milder als die italienischen. Als Ersatz oder zum Abmildern der scharfen verwenden oder kombinieren Sie Gemüsepaprika.

Weinblätter: Gefüllte Weinblätter sind eine besonders exquisite Spezialität der türkischen Küche. Die Weinblätter hierfür werden in einer Salzlake konserviert. Man kann sie auf Vorrat im Kühlschrank aufbewahren.
Zimt: Dieses Gewürz wird in der türkischen Küche nicht nur für Süßspeisen und Gebäck verwendet, sondern mit viel Geschick auch für Reis- und Fleischgerichte, die dadurch einen besonders vollmundigen Geschmack erhalten.
Zuckersirup: Hierzulande hantiert fast ausschließlich der Mixer an der Getränkebar mit Sirupen verschiedener Art. In der Türkei verwendet die türkische Hausfrau Sirup gerne zur Verfeinerung von Gebäck. Er gibt den Gebäckstücken die intensive Süße, die besonders gut mit dem starken türkischen Kaffee harmoniert. Häufig verwundern die großen Mengen an Sirup, die für ein Rezept benötigt werden. Der Sirup dient aber wohlbemerkt nur dazu, das Gebäck zu durchtränken. Dazu braucht man mehr Sirup, als tatsächlich verspeist wird. Neben Zuckersirup wird auch Honigsirup verwendet.

Mengenangaben

Produkte	1 Eßlöffel	1 Tasse
Butter	10 g	–
Grieß	12 g	100 g
Käse, gerieben	10 g	80 g
Mehl	10 g	80 g
Öl	9 g	75 g
Reis	15 g	120 g
Semmelbrösel/ Paniermehl	10 g	80 g
Speisestärke	15 g	–
Wasser, Brühe, Milch	15 g	125 g
Zucker	15 g	120 g

1 Tasse entspricht ⅛ l
1 Schnapsglas entspricht 2 cl
2 Eßlöffel frisch gehackte Kräuter entsprechen etwa 1 Bund

Die Rezepte in diesem Kapitel stellen Ihnen in der Türkei beliebte Suppen vor. Sie werden das ganze Jahr hindurch serviert. Auf dem Land reicht man sie sogar schon zum Frühstück.

Hochzeitssuppe

Düğün Çorbası

Diese türkische Hochzeitssuppe können Sie statt mit Kalbshirn auch mit Lamm- oder Rindfleisch zubereiten. Dann wird das Fleisch in gut 1 l Wasser etwa 1 Stunde gekocht und nach dem Abkühlen in kleine Würfel geschnitten.

Zutaten für 4 Personen:
250 g Kalbshirn · 1 Eßl. Essig · Salz · 4 Eßl. Butter · 3 Eßl. Mehl · 1 l Fleischbrühe · 2 Eigelbe · Saft von 2 Zitronen

- Vorbereitungszeit: etwa 40 Minuten
- Garzeit: etwa 30 Minuten

So wird's gemacht: Das Hirn waschen und in Wasser legen, bis sich das Blut gelöst hat. Das Hirn nochmals waschen und in einem Topf mit ½ l Wasser, dem Essig und Salz etwa 5 Minuten kochen. Das Hirn herausnehmen, abkühlen lassen und die Haut entfernen, ebenso die kleinen Äderchen. Anschließend das Hirn in kleine Stückchen schneiden. • Die Butter in einem Topf erhitzen und das Mehl darin Farbe nehmen lassen. Die Fleischbrühe dazugeben und alles etwa 10 Minuten kochen lassen. • Inzwischen die Eigelbe mit dem Zitronensaft verrühren und 1 Glas kaltes Wasser hinzufügen. Nach und nach 5 Eßlöffel Brühe hineinrühren. • Das Hirn in die Brühe geben und heiß werden lassen. Das Zitronen-Ei-Gemisch unter Rühren hineingießen; die Suppe nicht mehr kochen lassen. Mit Salz abschmecken. • Auf Teller oder Tassen verteilen und heiß servieren.

Strandsuppe

Sahil Çorbası

Zutaten für 4 Personen:
100 g weiße Bohnen · Salz · 2 mittelgroße Zwiebeln · ½ kleiner Weißkohl · 2 Möhren · 1 Stange Lauch · 1 kleine Sellerieknolle · 2 Eßl. Butter · 250 g Gulasch vom Rind oder Lamm · 2 Eßl. Mehl · 2 Eßl. Tomatenmark · 1 l Fleischbrühe · Salz · 50 g Makkaroni · 2 Eigelbe · ⅛ l Milch

- Zeit zum Einweichen: etwa 12 Stunden
- Vorbereitungszeit: etwa 40 Minuten
- Garzeit: etwa 2 Stunden

So wird's gemacht: Die Bohnen waschen und von Wasser bedeckt 12 Stunden oder über Nacht einweichen lassen. • Die Bohnen abgießen und von Salzwasser bedeckt in einem Topf aufkochen lassen; dann im geschlossenen Topf bei schwacher Hitze etwa 1 Stunde und 40 Minuten garen. • Inzwischen die Zwiebeln schälen, halbieren und in Scheiben schneiden; dann in halbe Ringe teilen. Den Weißkohl vierteln, die Strunkteile herausschneiden und die Weißkohlblätter waschen. Den Kohl in kleine Streifchen schneiden. Die Möhren waschen, schaben

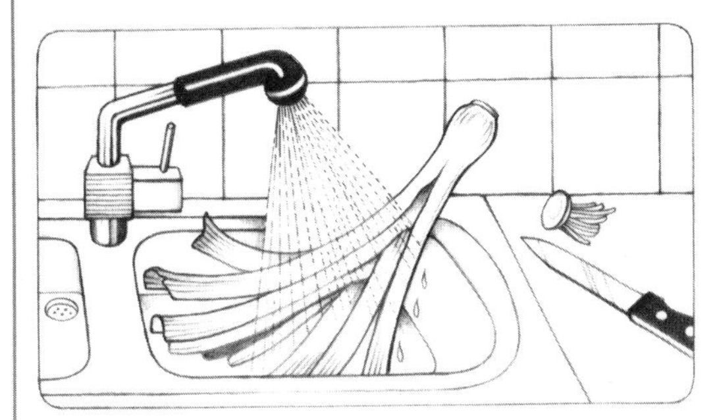

Lauch läßt sich am besten waschen, wenn Sie ihn vorher der Länge nach ein-, aber nicht durchschneiden.

und würfeln. Vom Lauch nur das Weiße benutzen, das Grün abschneiden. Die Lauchstange aufschlitzen und auseinanderbiegen. Den Lauch gründlich waschen und in dünne Scheiben schneiden. Die Sellerieknolle waschen, schälen und würfeln. • In einem Topf die Butter erhitzen und das Fleisch darin von allen Seiten anbraten. Die Zwiebeln mit anbraten. Das Gemüse hinzufügen und 2–3 Minuten unter Rühren anbraten. Das Ganze mit dem Mehl bestäuben und das Tomatenmark unterrühren. Mit der Fleischbrühe aufgießen. Mit Salz abschmecken. Die Suppe etwa 10 Minuten kochen lassen. • Die Bohnen abgießen und die Makkaroni in kleinere Stücke brechen. Beides zur Suppe geben und alles bei mittlerer Hitze etwa 20 Minuten kochen lassen. • Die Eigelbe mit der Milch und Salz verquirlen und in die Suppe einrühren; nicht mehr kochen lassen. • Die Suppe in Tellern oder Suppentassen heiß servieren.

Mein Tip In der türkischen Küche werden Hülsenfrüchte stets in Salzwasser gegart. Sie behalten so mehr »Biß« und schmecken würzig.

Almsuppe

Yayla Çorbası

Die sommerliche Almsuppe verdankt ihre Frische der Minze und ihre Schärfe dem Paprikapulver.

Zutaten für 4 Personen:
½ l Fleischbrühe · 250 g Joghurt · 1 Ei · 1 Eßl. Mehl · 4 Eßl. Reis · Salz · 6 Eßl. frisch gehackte Minze (oder 3 Eßl. getrocknete) · 2 Eßl. Butter · 1–3 Teel. Rosenpaprikapulver

- Vorbereitungszeit: etwa 10 Minuten
- Garzeit: etwa 20 Minuten

So wird's gemacht: Die Fleischbrühe in einem Topf erhitzen. • In einem anderen Topf den Joghurt mit dem Ei und dem Mehl verrühren und erhitzen. Den Reis hinzufügen und alles unter ständigem Rühren aufkochen lassen. Nach und nach die heiße Fleischbrühe einrühren. Die Suppe mit Salz abschmecken und die Hälfte der Minze unterrühren. Alles 10 Minuten kochen lasen; dabei gelegentlich umrühren. • Die Butter in einer Pfanne erhitzen und die restliche Minze zusammen mit dem Paprikapulver darin kräftig anbraten. • In Tellern oder Suppentassen heiß servieren und nach Belieben mit gehackten Frühlingszwiebeln und in Paprika-Butter (siehe Seite 5) gerösteten Weißbrotwürfeln garnieren.

Zwiebelsuppe

Soğan Çorbası

Diese Suppe schmeckt sehr pikant, wenn Sie zusätzlich zu den Zwiebeln noch 3 Knoblauchzehen verwenden.

Zutaten für 4 Personen:
4 mittelgroße Zwiebeln · 3 Eßl. Butter · 2 Eßl. Mehl · Salz · Pfeffer · 4 Scheiben Mischbrot · 3 ½ Eßl. geriebener Käse (türkischer Kaşar Peyniri oder mittelalter Gouda-Käse)

- Vorbereitungszeit: etwa 30 Minuten
- Garzeit: etwa 25 Minuten

So wird's gemacht: Die Zwiebeln schälen und in Ringe schneiden. • Die Butter in einem Topf erhitzen und die Zwiebeln darin glasig braten; dann mit dem Mehl bestäuben und nochmals unter Rühren anbraten. Nach und nach unter ständigem Rühren 1 l kaltes Wasser zugießen. Die Suppe aufkochen lassen, mit Salz und Pfeffer abschmecken und bei schwacher Hitze im geschlossenen Topf etwa 15 Minuten kochen lassen. • Den Backofen auf 180° vorheizen. • Eine feuerfeste Form mit den Brotscheiben auslegen und die Zwiebelsuppe hineingießen. Mit dem Käse bestreuen. Die Suppe in den Backofen (Mitte) schieben und überbacken, bis der Käse goldgelb geworden ist. • In 4 Teller oder Suppentassen jeweils eine Portion mit 1 Scheibe Brot geben. Heiß servieren.

Fischsuppe

Balık Çorbası

Zutaten für 4-6 Personen:
500 g Meeräsche, Kabeljau oder Seelachs · 2 Zwiebeln · 3 Lorbeerblätter · Salz · 3 mittelgroße Kartoffeln · 1 mittelgroße Sellerieknolle · 2 Möhren · 4 Eßl. Reis · 3 Eigelbe · 2 Eßl. Mehl · Saft von 2 Zitronen

- Vorbereitungszeit: etwa 50 Minuten
- Garzeit: etwa 30 Minuten

So wird's gemacht: Den Fisch waschen und in dicke Scheiben schneiden. 1 Zwiebel schälen und vierteln. Beides mit den Lorbeerblättern in gut 1 l Salzwasser geben und etwa 5 Minuten kochen lassen. Den Sud durch ein Sieb in einen anderen Topf gießen. Den Fisch erkalten lassen und dann von den Gräten befreien. • Inzwischen die Kartoffeln, den Sellerie und die restliche Zwiebel schälen und in kleine Würfel schneiden. Die Möhren waschen, schaben und ebenfalls würfeln. Den Reis waschen, bis das Wasser klar bleibt. • Das Gemüse mit dem Reis in den Sud geben, aufkochen lassen und im geschlossenen Topf bei schwacher Hitze etwa 15-20 Minuten garen. Mit Salz abschmecken. Die Fischstücke in die Suppe legen und ziehen lassen. • Die Eigelbe mit dem Mehl, dem Zitronensaft und 2-3 Eßlöffeln Wasser verquirlen und in die Suppe einrühren. Die Suppe weitere 1-2 Minuten ziehen, aber nicht kochen lassen. • Auf Teller oder Suppentassen verteilen und heiß servieren.

Botschaftersuppe

Sefir Çorbası

Zutaten für 4 Personen:
½ Hähnchen · Salz · 2 mittelgroße Zwiebeln · 2 mittelgroße Kartoffeln · 1 kleine Sellerieknolle · 1 Möhre · 3 Essiggurken · 2 Eßl. Butter · 2 Eßl. Mehl · 3 Eigelbe · Saft von 1 Zitrone

- Vorbereitungszeit: etwa 45 Minuten
- Garzeit: etwa 1½ Stunden

So wird's gemacht: Das Hähnchen in gut 1 l Salzwasser 1 Stunde garen; dann das Hähnchenfleisch von den Knochen lösen, in kleine Würfel schneiden und warm stellen. Die Brühe aufheben. • Inzwischen die Zwiebeln schälen und reiben. Die Kartoffeln und den Sellerie waschen, schälen und würfeln. Die Möhre waschen, schälen und raspeln. Die Essiggurken in kleine Stückchen schneiden. • Die Butter in einem Topf erhitzen und die Zwiebeln und die Möhre darin anbraten. Mit dem Mehl bestäuben und unter Rühren 3-4 Minuten braten. Mit der Hühnerbrühe aufgießen und das Gemüse hinzufügen. Alles etwa 30 Minuten bei schwacher Hitze im geschlossenen Topf garen. Dann das Hähnchenfleisch hinzufügen. • Die Eigelbe mit dem Zitronensaft, ⅛ l Wasser und Salz verquirlen und in die heiße Suppe einrühren; nicht mehr kochen lassen. • Die Suppe auf Teller oder Suppentassen verteilen und heiß servieren.

Kuttelflecksuppe

İşkembe Çorbası

Zutaten für 4 Personen:
500 g Kutteln · Salz · Saft von ½ Zitrone · 4 Eßl. Butter · 2 Eßl. Mehl · 3-4 Knoblauchzehen · 6-8 Eßl. Essig · ½ Teel. Rosenpaprikapulver

- Zeit zum Ziehen: etwa 2 Stunden
- Garzeit für die Kutteln: 3-4 Stunden
- Garzeit für die Suppe: etwa 30 Minuten

So wird's gemacht: Die Kutteln waschen, kräftig mit Salz einreiben und dann in einer Schüssel zugedeckt etwa 2 Stunden ziehen lassen. Das Salz mit einem Messer abkratzen und die Kutteln noch einmal gründlich unter fließendem Wasser säubern. • 1½ l Wasser mit dem Zitronensaft zum Kochen bringen. Die Kutteln hinzufügen und im geschlossenen Topf bei schwacher Hitze garen. Die Kutteln aus dem Sud nehmen, abkühlen lassen und in dünne Streifen schneiden. Diese nochmals quer durchschneiden. Den Sud aufheben. • 2 Eßlöffel Butter in einem Topf erhitzen und das Mehl darin Farbe nehmen lassen. Die Kutteln mit dem Sud hinzufügen und unter Rühren kurz aufkochen lassen. • Die Knoblauchzehen schälen, zerdrükken, mit dem Essig vermischen und in die Suppe geben. • Die restliche Butter in einer Pfanne zerlassen und das Paprikapulver darin kurz anbraten. • Die Suppe in Teller füllen, jeweils etwas Paprika-Butter hineingeben und Weißbrot dazu reichen.

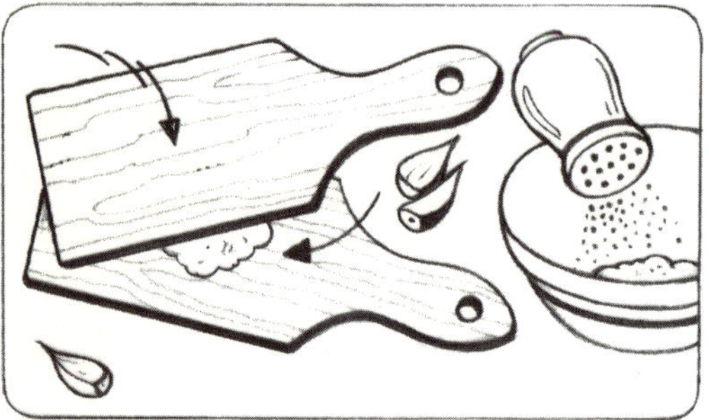

Wenn Sie keine Knoblauchpresse besitzen, können Sie die geschälten Knoblauchzehen zwischen zwei Brettchen mit einer drehenden Bewegung zerdrücken. Oder mit einer Gabel in ein wenig Salz zerquetschen.

Grüne Linsensuppe

Yeşil-Mercimek Çorbası

Zutaten für 4 Personen:
250 g grüne Linsen · 2 mittelgroße Zwiebeln · 2 Eßl. Butter · 1 Eßl. Mehl · 1 l Fleischbrühe · 2 Eigelbe · ⅛ l Milch · Salz

- Zeit zum Einweichen: etwa 1 Stunde
- Vorbereitungszeit: etwa 30 Minuten
- Garzeit: etwa 30 Minuten

So wird's gemacht: Die Linsen waschen und in warmem Wasser 1 Stunde quellen lassen; dann abgießen. • Die Zwiebeln schälen und reiben. • Die Butter in einem Topf erhitzen und die Zwiebeln darin glasig braten. Das Mehl darüberstäuben und Farbe nehmen lassen. Nach und nach unter Rühren die Fleischbrühe hinzugießen und die Linsen dazugeben. Alles etwa 20 Minuten im geschlossenen Topf bei schwacher Hitze kochen lassen; dabei ab und zu umrühren. • Die Eigelbe mit der Milch und etwas Salz verquirlen und kurz vor dem Servieren in die Suppe rühren; nicht mehr kochen lassen.

Mein Tip Zur Verfeinerung können Sie trockenes Brot würfeln, in Butter knusprig braten und mit etwas Rosenpaprikapulver bestreut zur Suppe reichen.

Vorspeisen und kalte Gerichte

Bei einem festlichen türkischen Essen werden stets mehrere Vorspeisen gleichzeitig gereicht. Man serviert dazu Wein, vor allem aber Rakı und nennt solch eine Vorspeisenkombination daher »Rakı-Tafel«. In der Alltagsküche geben die in Olivenöl gedünsteten Gerichte einen eigenen Gang ab – und zwar zwischen Hauptgericht und Nachspeise. Die frischen Salate dagegen reicht man bei einem einfachen Essen zum Hauptgericht. Türkisches Fladenbrot oder frisches Weißbrot passen zu allen Gerichten dieses Kapitels sehr gut.

Sellerie in Olivenöl

Zeytinyağlı Kereviz

Zutaten für 6 Personen:
2 Sellerieknollen · Saft von 1 Zitrone · 3 mittelgroße Möhren · 3 mittelgroße Kartoffeln · 3 mittelgroße Zwiebeln · 4–5 Eßl. Olivenöl · 2 Eßl. frisch gehackte glattblättrige Petersilie · 2 Eßl. frisch gehackter Dill · 2 Teel. Zucker · Salz

- Vorbereitungszeit: etwa 40 Minuten
- Garzeit: etwa 30 Minuten

So wird's gemacht: Die Sellerieknollen waschen, schälen, vierteln und in 1 cm dicke Stükke schneiden. Den Zitronensaft mit Wasser in eine Schüssel füllen und die Selleriestücke sofort hineinlegen. Die Möhren waschen, schaben und in kleine Würfel schneiden. Die Kartoffeln waschen, schälen und ebenfalls in kleine Würfel schneiden. Die Zwiebeln schälen und feinschneiden. • Das Öl in einem Topf erhitzen und die Zwiebeln darin glasig braten. Den Sellerie abgießen und zusammen mit den übrigen vorbereiteten Gemüsen zu den Zwiebeln geben. Alles bei mittlerer Hitze im offenen Topf etwa 20 Minuten garen. Dabei ab und zu umrühren. • Die Petersilie und den Dill mit dem Zucker und Salz sowie ½ Tasse Wasser in den Topf geben. Den Sellerie weitere 10 Minuten im geschlossenen Topf bei schwacher Hitze garen. • Abkühlen lassen und kalt servieren.

Artischocken mit Möhren und Erbsen

Havuç ve Bezelyeli Enginar

Dieses Gemüse erfrischt, wenn Sie es vor dem Servieren mit etwas Zitronensaft beträufeln.

Zutaten für 4 Personen:
Saft von 1 Zitrone · 4 Artischocken · 1 große Zwiebel · 1 große Möhre · 300 g frische Erbsen · 4 Eßl. Olivenöl · 2 Teel. Zucker · Salz · 2 Eßl. frisch gehackter Dill

- Vorbereitungszeit: etwa 40 Minuten
- Garzeit: etwa 30 Minuten

So wird's gemacht: Den Zitronensaft mit Wasser in eine Schüssel füllen. Die Artischocken waschen, die Blätter entfernen, den Stiel abschneiden und das »Heu« mit einem Teelöffel auskratzen. Die Artischockenböden in das Zitronenwasser legen. • Die Zwiebel schälen und hacken. Die Möhre waschen, schaben und in erbsengroße Würfel schneiden. Die Erbsen aus den Schoten lösen. • Das Olivenöl in einem Topf erhitzen und die Zwiebel darin anbraten. Die Möhren, die Erbsen, den Zucker und Salz hinzufügen. Mit ½ Tasse Wasser auffüllen, alles einmal aufkochen lassen und im geschlossenen Topf bei schwacher Hitze etwa 10 Minuten dünsten. • Inzwischen die Artischockenböden aus dem Wasser heben, in kochendes Salzwasser legen und im offenen Topf etwa 10 Minuten kochen lassen. • Den Backofen auf 180° vorheizen. • Die Artischockenböden aus dem Wasser nehmen und in eine Auflaufform legen. Die Gemüsemischung auf die Artischockenböden verteilen. Den Gemüsesaft mit Salzwasser auf 1 Tasse Flüssigkeit auffüllen und zu den Artischockenböden in die Form gießen. Das Ganze mit dem Dill bestreuen und mit Alufolie abdekken. Die Artischockenböden im Backofen (Mitte) etwa 20 Minuten garen. • Die Artischockenböden abkühlen lassen und kalt servieren.

Weinblätter, gefüllt mit Reis und Pinienkernen

Zeytinyağlı Yaprak dolması

Gefüllte Weinblätter sind der Glanzpunkt einer jeden Vorspeisentafel. Man braucht für die Zubereitung Zeit und Muße. Beides nehmen sich türkische Hausfrauen gerne, wenn sie Köstlichkeiten wie diese nach ihren Hausrezepten herstellen.

Zutaten für 6-8 Personen:
1 Beutel eingelegte Weinblätter · 50 g Korinthen · 4 Zwiebeln · ⅛ l Olivenöl · 100 g Pinienkerne · 120 g Reis · 2 Eßl. frisch gehackte glattblättrige Petersilie · Pfeffer · 1 Teel. Zimt · ½ Teel. Rosenpaprikapulver · 3 Teel. Zucker · 1 Teel. Pimentpulver · Saft von ½ Zitrone · 1 Zitrone (unbehandelt) · Salz

- Vorbereitungszeit: etwa 1½ Stunden
- Garzeit: etwa 40 Minuten

So wird's gemacht: Die Weinblätter in warmes Wasser legen. Die Korinthen 20 Minuten in heißem Wasser quellen lassen; dann abgießen. • Die Zwiebeln schälen und reiben. • Die Hälfte des Olivenöls in einem Topf erhitzen. Die Zwiebeln mit den Pinienkernen darin anbraten. Den Reis und die Korinthen in den Topf geben und unter Rühren 2-3 Minuten anbraten. 1½ Tassen Wasser hinzufügen. Alles bei mittlerer Hitze im geschlossenen Topf garen, bis kein Wasser mehr vorhanden ist. • Die Petersilie, Pfeffer, den Zimt, das Paprikapulver, den Zucker, das Pimentpulver und den Zitronensaft unterrühren. Den Topf vom Herd nehmen, mit einem Küchentuch abdecken und abkühlen lassen. • Die Weinblätter abtropfen lassen und mit einigen davon einen Topf auslegen. Die restlichen Weinblätter mit der glatten Seite nach unten auf die Arbeitsfläche legen und auf jeweils 1 Blatt 1-2 Teelöffel Reisfüllung geben. Die Seiten der Weinblätter nach innen einschlagen und die Blätter vom Stielende her aufrollen. Die gefüllten Weinblätter mit der Nahtseite nach unten auf die im Kochtopf ausgebreiteten Blätter legen. • Die Zitrone mit warmem Wasser gründlich waschen und abtrocknen. Die Zitrone in dünne Scheiben schneiden und diese auf die Weinblätter legen. Das restliche Olivenöl über die Weinblätter gießen und mit 1½ Tassen Wasser aufgießen. Das Ganze salzen. Einen kleineren Teller in den Topf auf die Weinblätter legen, damit sich diese während des Garens nicht aufrollen können. Die gefüllten Weinblätter im geschlossenen Topf bei mittlerer Hitze etwa 30 Minuten kochen. • Abkühlen lassen und kalt servieren.

Variante: Gefüllte Paprikaschoten
Von den Paprikaschoten die Deckel abschneiden und die Schoten innen gründlich säubern. Mit der gleichen Füllung wie im Rezept beschrieben füllen. Die Füllung reicht für 6 Paprikaschoten. Die gefüllten Paprikaschoten in einen Topf stellen, ¼ l Olivenöl und 1½ Tassen Wasser zugießen, salzen und 15-20 Minuten kochen.

Variante: Gefüllte Auberginen
Die Auberginen von den Stielansätzen befreien und mit einem Teelöffel von der Schnittfläche

her aushöhlen, bis nur noch eine dünne Wand vorhanden ist. Die ausgehöhlten Auberginen füllen. Die Reisfüllung von den Weinblättern reicht für 3 längliche Auberginen. Wie die Paprikaschoten fertigstellen.

Variante: Gefüllter Weißkohl
Die zarten Blätter von 1 Weißkohl 20 Minuten in Salzwasser kochen und genau wie die Weinblätter füllen und aufrollen, genauso fertigstellen.

Den Imam hat's umgehauen

İmam Bayıldı
Bild Umschlag-Vorderseite

Dieses Gericht, so heißt es, habe einem Imam so gut geschmeckt, daß er davon bis zum Umfallen gegessen habe.

Zutaten für 4 Personen:
4 mittelgroße Auberginen · reichlich Olivenöl zum Braten · 5 Zwiebeln · 6 Knoblauchzehen · 4 Eßl. frisch gehackte glattblättrige Petersilie · Salz · 3 Teel. Zucker · 2–4 milde Peperoni/ Spitzpaprika · 1 Tomate

- Vorbereitungszeit: etwa 40 Minuten
- Garzeit: etwa 40 Minuten

So wird's gemacht: Die Auberginen waschen und die Stielansätze abschneiden. Die Auberginen im »Zebrastreifenmuster« abschälen: Dafür von der Schale jeweils einen etwa 1 cm breiten Streifen der Länge nach abschälen, einen etwa 1 cm breiten Streifen stehen lassen und so fortfahren, bis die ganzen Auberginen gestreift sind. An einem der abgeschälten Streifen einen tiefen Schnitt mit dem Messer vollführen. Außerdem die geschälten Stellen mehrfach mit einem Messer kurz einstechen, damit sich die Auberginen beim Braten mit Öl vollsaugen und weich werden. • In einer Pfanne Öl erhitzen und die Auberginen darin von allen Seiten anbraten; dabei immer wieder mit Öl begießen. Die Auberginen beiseite stellen. • Die Zwiebeln schälen, halbieren und in dünne Scheiben schneiden. Die Knoblauchzehen schälen und halbieren. • In einer Pfanne 2 Eßlöffel Öl erhitzen und die Zwiebeln sowie die Knoblauchzehen darin glasig braten. Die Petersilie, Salz und den Zucker unterrühren und die Zwiebelmischung vom Herd nehmen. • Den Backofen auf 180° vorheizen.

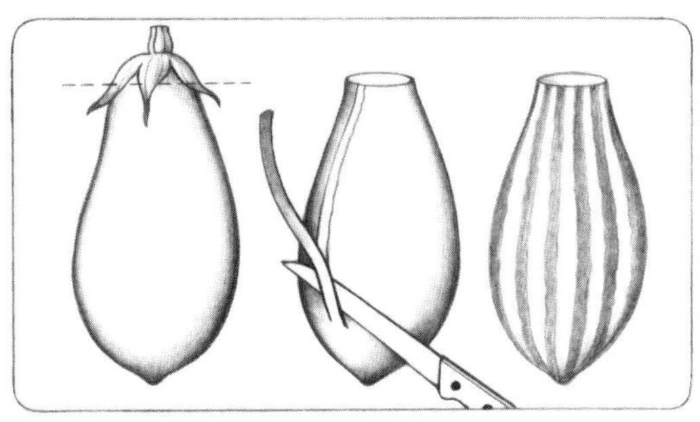

So erhält die Aubergine das attraktive »Zebra«-Aussehen. Am besten geht's mit einem scharfen Messer.

• Die Auberginen in eine Auflaufform legen und dabei darauf achten, daß die Seite mit dem tiefen Einschnitt oben liegt. Mit den Fingern an der Schnittstelle eine möglichst tiefe Mulde eindrücken, da hinein die Zwiebelmischung füllen. • Die Peperoni der Länge nach halbieren, von den Kernen und den Stielansätzen befreien und waschen. Die Tomate waschen und den grünen Stielansatz ausstechen. Die Tomate in Scheiben schneiden. • Auf jede Aubergine 1–2 Peperonihälften und 1–2 Tomatenscheiben legen. ½ Tasse Wasser mit Salz vermischen und mit 2 Eßlöffeln Öl in die Form gießen. Die Auberginen im Backofen (Mitte) etwa 25 Minuten backen. • Abkühlen lassen und kalt servieren.

Dicke Bohnen in Olivenöl

Zeytinyağlı Taze Bakla

Junge Dicke Bohnen werden in der türkischen Küche mit der Schale verwendet.

Zutaten für 6 Personen:
Saft von 1 Zitrone · 1 kg junge Dicke Bohnen mit Schote · 6–7 Frühlingszwiebeln mit Lauch · 5 Eßl. Olivenöl · Salz · 2 Teel. Zucker · 4 Eßl. frisch gehackter Dill

- Vorbereitungszeit: etwa 30 Minuten
- Garzeit: etwa 30 Minuten

So wird's gemacht: Den Zitronensaft in eine Schüssel mit Wasser geben. Die Fäden von den Bohnen abziehen. Die Bohnen halbieren und sofort in das Zitronenwasser geben, damit sie sich nicht verfärben. Die Zwiebeln waschen, schälen und samt Lauch kleinhacken und mit dem Olivenöl verrühren. • Die Zwiebeln in einen Topf geben und bei mittlerer Hitze glasig braten. Die Dicken Bohnen abschütten und zu den Zwiebeln geben. Alles zusammen 2–3 Minuten unter Rühren anbraten. • Mit ⅛ l Wasser auffüllen, mit Salz und dem Zucker würzen und alles etwa 25 Minuten bei schwacher Hitze im geschlossenen Topf garen. In den letzten 2–3 Minuten die Hälfte des Dills mitkochen. • Die Bohnen in eine Schüssel füllen und mit dem restlichen Dill bestreuen. Kalt servieren und Knoblauch-Joghurt (siehe Seite 26) dazu reichen.

Mein Tip Statt 1 kg Dicke Bohnen können Sie auch 500 g tiefgefrorene Bohnenkerne verwenden.

Weizengrütze mit Gemüse

Bulgur Pilavı

Weizengrütze mit Gemüse paßt sehr gut zum türkischen Nationalgericht Kichererbsen mit Kutteln (Rezept Seite 41).

Zutaten für 4 Personen:
2 mittelgroße Zwiebeln · 3 mittelgroße Tomaten · 3–4 milde Peperoni/Spitzpaprika · 3 Eßl. Butter · 2 Tassen Weizengrütze (aus dem türkischen Spezialgeschäft) · 4 Tassen Rindfleischbrühe · Salz · Rosenpaprikapulver · Pfeffer

- Vorbereitungszeit: etwa 20 Minuten
- Garzeit: etwa 40 Minuten

So wird's gemacht: Die Zwiebeln schälen und feinhacken. Die Tomaten waschen und die grünen Stielansätze ausstechen. Die Tomaten kreuzweise einschneiden und kurz mit kochendem Wasser überbrühen. Die Haut abziehen und die Tomaten in kleine Würfel schneiden. Die Peperoni waschen, von den Stielansätzen und den Kernen befreien und in Ringe schneiden. • Die Butter in einem Topf erhitzen und die Zwiebeln darin glasig braten. Die Tomaten und die Peperoni hinzufügen und etwa 10 Minuten kochen, bis alle Flüssigkeit verdampft ist. Die Weizengrütze verlesen, in den Topf geben und unter Rühren 5–7 Minuten anrösten. Die Fleischbrühe hinzugießen und mit Salz und Paprikapulver abschmecken. • Die Grütze im geschlossenen Topf etwa 20 Minuten bei schwacher Hitze garen. Den Topf vom Herd nehmen und die Grütze mit Pfeffer bestreuen. Zwischen Kochtopf und Deckel 2 Lagen Küchenkrepp legen, um den Dampf aufzusaugen. Nach 5 Minuten die Grütze noch einmal umrühren. • Heiß servieren.

Blumenkohlsalat

Karnabahar Salatası

Zutaten für 6 Personen:
1 Blumenkohl · Salz · 150 g Joghurt · 1 Teel. Senf · 2 Eßl. Crème fraîche · weißer Pfeffer · 3–4 Eßl. Olivenöl · Saft von 2 Zitronen

- Garzeit: etwa 10 Minuten
- Zubereitungszeit: etwa 20 Minuten

So wird's gemacht: Vom Blumenkohl den Strunk kürzen und die Blätter abschneiden. Den Kohl gründlich waschen und 10 Minuten in Salzwasser legen, damit eventuell vorhandenes Ungeziefer aufsteigt. Den Kohl nochmals waschen und in reichlich kochendes Salzwasser geben. Den Kohl etwa 10 Minuten bei schwacher Hitze im geschlossenen Topf bißfest kochen; dann herausnehmen, in Röschen teilen und auf eine Salatplatte legen. • Für die Sauce den Joghurt vor dem Öffnen gut durchschütteln und in eine Schüssel geben. Den Senf und die Crème fraîche dazugeben, mit Salz und Pfeffer würzen und mit dem Öl und dem Zitronensaft gut verrühren. Die Sauce über die Blumenkohlröschen gießen und den Salat vor dem Servieren etwas ziehen lassen.

Lauch in Olivenöl

Zeytinyağlı Pırasa

Zutaten für 4 Personen:
5 Stangen Lauch · 3 Möhren · 2 Zwiebeln · ⅛ l Olivenöl · 3 Eßl. Reis · 2 Teel. Zucker · Salz · Saft von 1 Zitrone

- Vorbereitungszeit: etwa 30 Minuten
- Garzeit: etwa 30 Minuten

So wird's gemacht: Die Lauchstangen putzen, längs halbieren, auseinanderbiegen und unter fließendem Wasser gründlich waschen. Den Lauch in Stücke schneiden. Die Möhren waschen, schaben und in Scheiben schneiden. Die Zwiebeln schälen und feinhacken. • Das Olivenöl in einem Topf erhitzen und die Zwiebeln darin glasig braten. Den Lauch und die Möhren hinzugeben und 10 Minuten im offenen Topf unter Rühren leicht andünsten. Dann den Reis, den Zucker und Salz hinzufügen und mit 1½ Tassen Wasser auffüllen. Den Lauch im geschlossenen Topf bei schwacher Hitze 15–20 Minuten garen. • In eine Schüssel füllen und kalt werden lassen. Mit dem Zitronensaft beträufelt servieren.

Das paßt dazu: frisches Weißbrot oder Fladenbrot (siehe Seite 5)

Zucchini-Möhren-Gericht

Kabak-Havuç Yemeği

Zutaten für 6 Personen:
3 mittelgroße Zucchini · 4 mittelgroße Möhren · 5 Zwiebeln · 4 Knoblauchzehen · 6 Fleischtomaten · 4 Eßl. Öl · Salz · 2 Teel. Zucker · 4 Eßl. frisch gehackte Minze (oder 4 Teel. getrocknete) · 4 Eßl. frisch gehackte glattblättrige Petersilie

- Vorbereitungszeit: etwa 50 Minuten
- Garzeit: etwa 30 Minuten

So wird's gemacht: Die Zucchini und die Möhren waschen, schaben und in kleine Würfel schneiden. Die Zwiebeln schälen, in dünne Scheiben schneiden und in Ringe teilen. Die Knoblauchzehen schälen und vierteln. Die Fleischtomaten waschen und die grünen Stielansätze ausstechen. Die Tomaten kreuzweise einritzen und kurz in kochendes Wasser tauchen; dann die Haut abziehen. Die Tomaten würfeln. • Das Gemüse mit dem Öl, Salz, dem Zucker, der Minze und der Petersilie in einen Topf geben, einmal aufkochen lassen und im geschlossenen Topf bei schwacher Hitze etwa 30 Minuten dünsten. • Abkühlen lassen und kalt servieren. Knoblauch-Joghurt und Fladenbrot (siehe Seite 5) schmecken gut dazu.

Zucchinifladen

Mücver

Zutaten für 4 Personen:
2 große Zucchini · 2 Zwiebeln · 4 Eier · 3 Eßl. Mehl · 1 Eßl. frisch gehackte Minze (oder 1 Teel. getrocknete) · 2 Eßl. frisch gehackter Dill · Salz · Pfeffer · reichlich Öl zum Braten

- Vorbereitungszeit: etwa 30 Minuten
- Garzeit je Fladen: 2-3 Minuten

So wird's gemacht: Die Zucchini schaben und waschen. Die Zwiebeln schälen. Beides feinreiben. • Die Zucchini und die Zwiebeln mit den Eiern, dem Mehl, der Minze und dem Dill vermischen. Mit Salz und Pfeffer würzen. • Das Öl in einer Pfanne erhitzen. Die Zucchinimasse mit einem Eßlöffel portionsweise in die Pfanne geben, flachdrücken und von beiden Seiten kräftig braten. • Auf Küchenkrepp abtropfen lassen. Heiß servieren und Knoblauch-Joghurt (siehe Seite 26) dazu reichen.

Variante: Blumenkohlfladen
Statt der Zucchini 1 kleinen Blumenkohl verwenden. Den Kohl etwa 10 Minuten in Salzwasser gar kochen, in Röschen zerteilen und diese mit einer Gabel zerdrücken. Die Minze durch Petersilie ersetzen. Die Fladen wie im Rezept beschrieben fertigstellen und braten.

Zucchini mit Käse

Peynirli Kabak
Bild nebenstehend

Zutaten für 4 Personen:
125 g Schafkäse · 3 Eier · 1 Teel. Mehl · 3 Eßl. frisch gehackte glattblättrige Petersilie · 2 Eßl. frisch gehackter Dill · Salz · Rosenpaprikapulver · 3 mittelgroße Zucchini · reichlich Olivenöl zum Braten

- Vorbereitungszeit: etwa 20 Minuten
- Garzeit: je Scheibe etwa 4 Minuten

So wird's gemacht: Den Schafkäse zerkrümeln und mit der Gabel zerdrücken. Mit den Eiern, dem Mehl, der Petersilie und dem Dill vermischen. Mit Salz und Paprikapulver würzen. • Die Zucchini von den Stielansätzen befreien, abschaben und waschen. Anschließend quer in knapp 1 cm dicke Scheiben schneiden. • Das Öl in einer Pfanne erhitzen. Die Zucchini darin von einer Seite anbraten und wenden. Auf jede Scheibe etwas von der Schafkäsemischung geben. Die Scheiben nach 2 Minuten nochmals wenden und die mit dem Käse belegte Seite kräftig braun braten. Die Scheiben auf Küchenkrepp abtropfen lassen. • Auf einer Platte servieren.

Zucchini, mit einer Mischung aus Schafkäse und Ei überbacken, sind eine schnell zubereitete Vorspeise und schmecken hervorragend. Rezept auf dieser Seite. ▷

Okra in Olivenöl

Zeytinyağlı Bamya
Bild nebenstehend

Zutaten für 6 Personen:
5 mittelgroße Tomaten · 3 mittelgroße Zwiebeln · 750 g frische Okra · Saft von 1½ Zitronen · 5 Eßl. Olivenöl · 1 Teel. Zucker · Salz

- Vorbereitungszeit: etwa 1 Stunde
- Garzeit: etwa 30 Minuten

So wird's gemacht: Die Tomaten waschen und die grünen Stielansätze ausstechen. Die Tomaten kreuzweise einschneiden und kurz mit kochendem Wasser überbrühen. Die Haut abziehen und die Tomaten in kleine Stücke schneiden. Die Zwiebeln schälen und reiben. Die Stielenden der Okra wie eine Bleistiftspitze abschneiden, um die Frucht nicht zu verletzen (bei einem geraden Schnitt würde der Saft auslaufen). Die Hälfte des Zitronensafts mit Wasser vermischen und die Okra hineinlegen. • Das Öl in einem Topf erhitzen und die Zwiebeln darin glasig braten. Die Okra abgießen und mit den Tomaten und dem Zucker hinzufügen. Mit 1 Tasse Wasser auffüllen, mit Salz abschmecken und die Okra im geschlossenen Topf bei schwacher Hitze etwa 20 Minuten kochen. • Die Okra abkühlen lassen. Kalt servieren.

◁ Okra kommt ursprünglich aus Afrika. Man sollte möglichst kleine Früchte kaufen. Okra in Olivenöl sind ein feiner Salat oder eine köstliche Vorspeise. Rezept auf dieser Seite.

Gemüse mit Tomatenpüree

Domates soslu kızartma

Zutaten für 4 Personen:
2 Auberginen · Salz · 4 Paprikaschoten · 2 Zucchini · 8 milde Peperoni/Spitzpaprika · reichlich Olivenöl zum Braten · 4–5 Fleischtomaten · 5–6 Knoblauchzehen · 5 Eßl. Essig · 3 Teel. Zucker

- Vorbereitungszeit: etwa 40 Minuten
- Garzeit: etwa 30 Minuten

So wird's gemacht: Die Auberginen waschen und die Stielansätze abschneiden. Von der Schale einen Streifen von knapp 1 cm Breite schälen, dann einen Streifen Schale von der gleichen Breite stehen lassen. Danach wieder einen Streifen schälen, bis die Auberginen gestreift aussehen (siehe Zeichnung Seite 13). Die Auberginen quer zum Streifenmuster in 1 cm dicke Scheiben schneiden. Jede Scheibe gründlich salzen, damit sie Wasser zieht und sich nicht braun färbt. • Die Paprikaschoten waschen, die Stielansätze abschneiden und die Kerne entfernen. Die Paprikaschoten abtrocknen. Die Zucchini waschen, schaben und in 1 cm dicke Scheiben schneiden. Die Peperoni waschen und von Stielansätzen und Kernen befreien. Die Auberginenscheiben waschen und sorgfältig abtrocknen. • Das Öl in einer Pfanne erhitzen. Das vorbereitete Gemüse darin von allen Seiten anbraten, dabei immer wieder die Pfanne kurz hochheben, damit das Öl nicht zu heiß wird. Das Gemüse auf einer Servierplatte anrichten. Das restliche Öl in der Pfanne lassen. Die Tomaten waschen und die grünen Stielansätze ausstechen. Die Tomaten kreuzweise einschneiden und kurz mit kochendem Wasser überbrühen. Die Haut abziehen und die Tomaten in kleine Stücke schneiden. Die Knoblauchzehen schälen und in dünne Scheiben schneiden. • Die Pfanne mit dem Bratöl erneut erhitzen und darin die Tomaten mit dem Knoblauch, dem Essig, Salz und dem Zucker bei schwacher Hitze und mit geschlossenem Deckel 20–25 Minuten dünsten lassen, bis sich die Tomaten völlig aufgelöst haben. Gegebenenfalls etwas Wasser hinzugießen. • Die Tomatenmischung über das Gemüse geben und servieren. • Knoblauch-Joghurt (siehe Seite 26) schmeckt gut dazu. Man gibt ihn auf die Tomatensauce.

Grüne Bohnen in Olivenöl

Zeytinyağlı Taze Fasülye

Zutaten für 4 Personen:
400 g grüne Bohnen · 3 Tomaten · 2 Zwiebeln · 5 Eßl. Olivenöl · Salz · 2 Teel. Zucker

- Vorbereitungszeit: etwa 30 Minuten
- Garzeit: etwa 25 Minuten

So wird's gemacht: Die Bohnen putzen, dabei eventuell vorhandene Fäden abziehen. Die Bohnen waschen und halbieren. Die Tomaten waschen und die grünen Stielansätze ausstechen. Die Tomaten kreuzweise einschneiden und kurz mit kochendem Wasser überbrühen. Die Haut abziehen und die Tomaten kleinschneiden. Die Zwiebeln schälen und feinhacken. • Das Olivenöl in einem Topf erhitzen und die Zwiebeln darin glasig braten. Die Tomaten hinzufügen und 2 Minuten andünsten. Die Bohnen dazugeben und mit Salz und dem Zucker würzen. Mit etwa 4 Eßlöffeln Wasser auffüllen. Alles etwa 20 Minuten im geschlossenen Topf bei schwacher Hitze garen. • In eine Schüssel füllen und kalt servieren.

Augenschmaus

Annemin İmam Bayıldı'sı

Zutaten für 6 Personen:
2 mittelgroße dicke Auberginen · Salz · 2 große rote Paprikaschoten · 4 mittelgroße Zwiebeln · 5 Knoblauchzehen · 2 milde Peperoni/Spitzpaprika · 2 Tomaten · 2 Eßl. frisch gehackte glattblättrige Petersilie · ¼ l Olivenöl · 2 Teel. Zucker · 1 Eßl. frisch gehackte Minze (oder 1 Teel. getrocknete)

- Vorbereitungszeit: etwa 40 Minuten
- Garzeit: etwa 40 Minuten

So wird's gemacht: Die Auberginen waschen, von den Stielansätzen befreien und in der Mitte quer (nicht längs!) durchschneiden. Von der Schnittfläche aus mit einem Teelöffel vorsichtig aushöhlen, bis nur noch eine dünne Wand bleibt. Das Fruchtfleisch in Salzwasser legen. • Die Paprikaschoten waschen, ebenfalls quer halbieren; die Stielansätze kürzen, aber nicht herausschneiden. Die Kerne entfernen und die Paprikaschotenhälften waschen und abtrocknen. Die Zwiebeln schälen, längs halbieren, in dünne Scheiben schneiden und in Ringe teilen. Die Knoblauchzehen schälen und vierteln. Die Peperoni waschen, von den Stielansätzen und den Kernen befreien und in Ringe schneiden. Die Tomaten waschen und die grünen Stielansätze ausstechen. Die Tomaten kreuzweise einritzen und kurz in kochendes Wasser tauchen; dann die Haut abziehen. Die Tomaten würfeln. Das Auberginenfleisch aus dem Wasser heben, abtropfen lassen und ebenfalls in Würfel schneiden. • In einer Pfanne die Hälfte des Öls erhitzen. Die Auberginenhälften einige Male mit einer Gabel anstechen und zusammen mit den Paprikaschoten im Öl von allen Seiten gründlich anbraten; dann in eine tiefe Auflaufform (mit Deckel) setzen – mit der Öffnung nach oben. • Den Backofen auf 180° vorheizen. • Die Hälfte des restlichen Olivenöls in einem Topf erhitzen. Die Zwiebelringe und die Knoblauchstücke darin glasig braten. Die Tomaten und die Peperoni hinzufügen und mit anbraten. Mit Salz, dem Zucker und der Minze würzen und alles etwa 10 Minuten bei mittlerer Hitze kochen lassen. • Diese Gemüsemischung in die Auberginen- und Paprikahälften füllen. Das restliche Öl und ½ Tasse gesalzenes Wasser in die Form gießen. Mit einem Deckel schließen und etwa 30 Minuten garen. • Abkühlen lassen und kalt servieren.

Rote Bohnen in Olivenöl

Zeytinyağlı Barbunya

Zutaten für 6 Personen:
250 g rote Bohnen · Salz · 3-4 Zwiebeln · 2 Kartoffeln · 2 Möhren · 5-6 milde Peperoni/ Spitzpaprika · 4-5 Knoblauchzehen · 4 Tomaten · ⅛ l Olivenöl · 2 Teel. Zucker · 3 Eßl. frisch gehackte glattblättrige Petersilie · Zitronensaft nach Belieben

- Einweichzeit: 8-12 Stunden
- Vorbereitungszeit: etwa 30 Minuten
- Garzeit: etwa 50 Minuten

So wird's gemacht: Am Tag vor der Zubereitung die roten Bohnen in reichlich kaltem Wasser einweichen. • Die abgetropften Bohnen von Salzwasser bedeckt aufkochen lassen und etwa 30 Minuten im geschlossenen Topf garen. • Die Zwiebeln schälen und feinhacken. Die Kartoffeln schälen und waschen. Die Möhren waschen und schaben. Beides in Würfel schneiden. Die Peperoni waschen, von den Stielansätzen und den Kernen befreien. Die Peperoni in Ringe schneiden. Die Knoblauchzehen schälen und in dünne Scheibchen schneiden. Die Tomaten waschen und die grünen Stielansätze ausstechen. Die Tomaten kreuzweise einschneiden und kurz mit kochendem Wasser überbrühen. Die Haut abziehen und die Tomaten in kleine Würfel schneiden. • Das Olivenöl in einem Topf erhitzen und die Zwiebeln darin glasig braten. Alle kleingeschnittenen Zutaten hinzufügen und 3 Minuten andünsten. Die Bohnen abgießen und ebenfalls in den Topf geben. Mit ¼ l Wasser auffüllen und mit dem Zucker und Salz würzen. Alles etwa 15 Minuten bei mittlerer Hitze im offenen Topf kochen lassen. • Die Bohnen in eine Schüssel füllen und mit der Petersilie bestreuen. Kalt servieren und je nach Geschmack mit etwas Zitronensaft beträufeln.

Mein Tip Im Sommer können Sie auch hierzulande junge rote Bohnen in der Schote kaufen. Diese brauchen Sie nicht einzuweichen, sondern lediglich aus der Schote zu befreien und 10 Minuten in Salzwasser zu kochen. Sie benötigen für dieses Rezept 750 g.

Türkischer Pilaw

Pirinç Pilavı

In der Türkei ist Reis die obligatorische Beilage zu fast allen Fleisch- und Gemüsegerichten. Türkischer Reis muß körnig gekocht sein und wird stets mit großer Sorgfalt zubereitet.

Zutaten für 6 Personen:
4 Eßl. Butter · 2 Tassen Langkornreis · 4 Tassen Rindfleischbrühe (oder Hühnerbrühe) · Salz · Pfeffer

- Garzeit: etwa 30 Minuten

So wird's gemacht: In einem Topf 2 Eßlöffel Butter erhitzen. Den Reis darin 5-7 Minuten unter ständigem Rühren anrösten. Mit der Fleischbrühe auffüllen und salzen. Den Reis bei schwacher Hitze in einem geschlossenen Topf kochen, bis die Flüssigkeit verdampft ist; dann von der Herdplatte nehmen. • In einer Pfanne die restliche Butter zerlassen. Den Reis mit der Butter begießen und mit Pfeffer bestreuen. Dann zwischen Kochtopf und Deckel zwei Lagen Küchenkrepp legen, damit der Dampf aufgesaugt werden kann. • Nach 5 Minuten den Reis einmal umrühren und servieren.

Weiße-Bohnen-Salat

Piyaz

Zutaten für 4 Personen:
250 g weiße Bohnen · Salz · 5 Zwiebeln oder 7-8 Frühlingszwiebeln · 2 Eßl. frisch gehackte glattblättrige Petersilie · 1 Teel. edelsüßes Paprikapulver · 2 hartgekochte Eier · 2-3 milde Peperoni/Spitzpaprika · 2 Tomaten · 10-20 Oliven · Saft von 1 Zitrone · 3 Eßl. Olivenöl · 8 Eßl. Essig

- Zeit zum Einweichen: etwa 12 Stunden
- Garzeit: etwa 1½ Stunden
- Zubereitungszeit: etwa 30 Minuten

So wird's gemacht: Die Bohnen von Wasser bedeckt einweichen lassen (am besten über Nacht). Die Bohnen abgießen und in Salzwasser aufkochen lassen, dann im geschlossenen Topf bei schwacher Hitze 1½ Stunden garen. Dann abgießen und abtropfen lassen. • Inzwischen die Zwiebeln schälen, halbieren und in dünne Scheiben schneiden. Oder die Frühlingszwiebeln waschen, schälen und mit dem zarten Grün in Scheiben schneiden. Die Zwiebelscheiben mit reichlich Salz bestreuen und 10 Minuten ziehen lassen; dann mit der Hand kräftig ausdrücken, waschen und abtropfen lassen. Die Petersilie, Salz und ½ Teelöffel Paprikapulver untermischen. • Die Bohnen in eine Schüssel geben und die Zwiebelmasse darauf gleichmäßig verteilen. • Die hartgekochten Eier schälen und vierteln. Die Paprikaschoten waschen, von den Stielansätzen, den inneren weißen Rippen und den Kernen befreien. Die Paprikaschoten in Streifen schneiden. Die Tomaten waschen und die grünen Stielansätze ausstechen. Die Tomaten in kleine Würfel schneiden. Die Oliven entkernen. Alles auf dem Salat verteilen. • Für die Sauce den Zitronensaft mit dem Olivenöl und dem Essig verrühren. Mit Salz und dem restlichen Paprikapulver abschmecken. Die Marinade über den Salat gießen und diesen kurz im Kühlschrank ziehen lassen. • Kalt servieren.

Reis mit Kastanien

Kestaneli Pilav

Zutaten für 4 Personen:
3 Eßl. Butter · 2 Tassen Langkornreis · 6 Tassen Rindfleischbrühe (oder Hühnerbrühe) · Salz · 500 g Eßkastanien/Maroni · Pfeffer

- Zubereitungszeit: etwa 30 Minuten

So wird's gemacht: Die Butter in einem Topf erhitzen und unter Rühren den Reis darin 5-7 Minuten anrösten. Mit 3½ Tassen Fleischbrühe auffüllen, mit Salz abschmecken und so lange köcheln lassen, bis die Flüssigkeit verdampft ist. • Inzwischen die Kastanien vorbereiten: Die Schale kreuzweise einritzen. Die Kastanien in kochendes Wasser legen, bis die Schalen aufspringen. Den Topf vom Herd nehmen und eine Kastanie nach der anderen aus dem Wasser nehmen; erst von der äußeren, dann von der inneren Schale befreien. Die

Kastanien in der restlichen Fleischbrühe etwa 20 Minuten kochen; dann die Brühe abgießen und die Kastanien etwas abkühlen lassen. In erdnußgroße Stücke schneiden, salzen und pfeffern und mit dem Reis vermischen. • In eine Schüssel füllen und servieren.

Reiskuchen

Pilav Pastası

Zutaten für 6 Personen:
2 Tassen Langkornreis · Salz · 6 längliche Möhren · 3 mittelgroße Tomaten · 1 mittelgroße Zwiebel · 2 Knoblauchzehen · 3 Eßl. Butter · 500 g Gulaschfleisch vom Kalb oder Lamm · 3 lange Auberginen · 3 Tassen Fleischbrühe · reichlich Öl zum Braten · Pfeffer

- Einweichzeit: etwa 30 Minuten
- Vorbereitungszeit: etwa 40 Minuten
- Garzeit: etwa 50 Minuten

So wird's gemacht: Den Reis abseits vom Herd 30 Minuten in Salzwasser einweichen lassen; dann abgießen. • Die Möhren waschen, schaben und unzerkleinert etwa 10 Minuten in Salzwasser kochen; dann abgießen. • Die Tomaten waschen und die Stielansätze ausstechen. Die Tomaten kreuzweise einschneiden und kurz mit kochendem Wasser überbrühen. Die Tomaten enthäuten und in Würfel schneiden. Die Zwiebel und die Knoblauchzehen schälen und feinreiben. • Die Butter in einem Topf erhitzen und die Fleischstücke darin zusammen mit den Tomaten, der Zwiebel und den Knoblauchzehen bei schwacher Hitze so lange dünsten, bis kein Fleischsaft mehr vorhanden ist. • Den Backofen auf 180° vorheizen. • Inzwischen die Auberginen waschen, von den Stielansätzen befreien und der Länge nach in ½ cm dicke Scheiben schneiden und in Salzwasser legen. Die Möhren ebenfalls der Länge nach in ½ cm dicke Scheiben schneiden. • Die Auberginenscheiben abtrocknen. Das Öl in einer Pfanne erhitzen und die Möhren- und Auberginenscheiben darin von jeder Seite 1 Minute braten. • Den Boden einer runden feuerfesten Form (mit Deckel) mit der Fleischmasse bedecken. Den Rand der Form von der Mitte aus mit den Möhren- und Auberginenscheiben abwechselnd auslegen, bis das Fleisch und die Form völlig bedeckt sind. Den Reis in die Mitte geben, mit der Fleischbrühe auffüllen und mit Salz und Pfeffer würzen. Eventuell überstehende Möhren- oder Auberginenscheiben umklappen und die Form zudekken. • Den Reiskuchen in den Backofen (Mitte) schieben und etwa 30 Minuten garen. • Den fertigen Kuchen etwas abkühlen lassen, auf eine Platte stürzen und servieren.

Krabbenreis

Karidesli Pilav

Zutaten für 4 Personen:
4½ Eßl. Butter · 2 Tassen Langkornreis · 5½ Tassen Hühnerbrühe · Salz · 500 g Krabben (gefriergetrocknete oder tiefgefrorene aufgetaut) · 1 mittelgroße Zwiebel · 1½ Eßl. Mehl · 1 Eigelb · 1 Teel. Tomatenmark · 1 Teel. Kokosnußraspel

- Vorbereitungszeit: etwa 10 Minuten
- Garzeit: etwa 30 Minuten

So wird's gemacht: 3 Eßlöffel Butter in einem Topf erhitzen und unter Rühren den Reis darin 5–7 Minuten anrösten. Mit 3½ Tassen Hühnerbrühe auffüllen, mit Salz würzen und bei mittlerer Hitze im offenen Topf köcheln lassen, bis die Flüssigkeit verdampft ist. • Die Krabben abbrausen und abtropfen lassen. Die Hälfte davon vorsichtig unter den Reis heben. Die andere

Hälfte auf dem Boden einer Schüssel dekorativ verteilen. Die Reismischung daraufgeben und mit einem Schaumlöffel fest andrücken. • Für die Sauce die Zwiebel schälen und feinhacken. Die restliche Butter in einem Topf erhitzen und das Mehl unter Rühren darin Farbe nehmen lassen. Mit der restlichen Hühnerbrühe aufgießen und alles etwa 2 Minuten köcheln lassen. Die Zwiebel hinzufügen. Das Eigelb mit ½ Tasse Wasser und dem Tomatenmark verquirlen und ebenfalls in den Topf geben. Alles 2 weitere Minuten köcheln lassen; dann vom Herd nehmen, salzen und die Kokosnußraspel hinzufügen. • Den Krabbenreis auf eine Platte stürzen und die Sauce separat servieren.

Reis im Käfig

Kafesli Pilav

Zutaten für 4 Personen:
Für den Teig: 125 g Mehl · 1 Eigelb · 1 Eßl. Butter · Salz
Für den Reis: 3 Eßl. Butter · 2 Tassen Langkornreis · 3½ Tassen Rindfleischbrühe · Salz · 500 g grüne Erbsen · 250 g Lamm- oder Hühnerleber · Pfeffer · 150 g geschälte Pistazien

- Vorbereitungszeit: etwa 1 Stunde
- Garzeit: etwa 40 Minuten

So wird's gemacht: Für den Teig das Mehl mit dem Eigelb, der Butter und Salz gut verkneten. Den Teig 20 Minuten mit einem Tuch bedeckt ruhen lassen. • Für den Reis 2 Eßlöffel Butter in einem Topf heiß werden lassen und den Reis darin unter Rühren 5–7 Minuten anrösten. Mit der Fleischbrühe auffüllen, mit Salz abschmekken und im offenen Topf bei mittlerer Hitze köcheln lassen, bis die Flüssigkeit verdampft ist. • Inzwischen die Erbsen aus den Schoten lösen und waschen. Die Leber enthäuten und in kleine Würfel schneiden. In einer Pfanne die restliche Butter erhitzen, die Leber darin unter Rühren anbraten und mit Salz und Pfeffer würzen. Die Erbsen mit ½ Tasse Wasser hinzufügen und so lange im offenen Topf bei mittlerer Hitze dünsten, bis das Wasser verdampft ist. Diese Mischung unter den Reis heben und das Ganze vom Herd nehmen. • Den Backofen auf 180° vorheizen. • Die Pistazien von den Schalenresten befreien. • Den Teig 2 mm dick zu Vierekken ausrollen und in 2 cm breite Streifen schneiden. • Eine gebutterte runde Auflaufform gitterartig mit den Teigstreifen auslegen und in die Lücken je 1 Pistazie geben. Die Reismischung darauf verteilen. Die Form mit einem Deckel oder mit Alufolie bedecken und im Backofen (Mitte) etwa 30 Minuten backen. • Den Reis etwas abkühlen lassen. Auf eine Platte stürzen und servieren.

Gemischter Reis

İç Pilav

Zutaten für 4 Personen:
2 Tassen Langkornreis · Salz · 400 g Lammleber · 2 mittelgroße Tomaten · 2 Eßl. Korinthen · 2 Eßl. Butter · 3 Tassen Fleischbrühe · 2 Eßl. Pinienkerne · Pfeffer · 1 Prise Zucker · 1 Teel. Kreuzkümmel · 1 Teel. Pimentpulver

- Einweichzeit: etwa 30 Minuten
- Vorbereitungszeit: etwa 45 Minuten
- Garzeit: etwa 30 Minuten

So wird's gemacht: Den Reis in kochendes Salzwasser geben und 30 Minuten einweichen lassen; dann abgießen. • Inzwischen die Leber enthäuten und in kleine Würfel schneiden. Die Tomaten waschen und die grünen Stielansätze ausstechen. Die Tomaten kreuzweise einschneiden und kurz mit kochendem Wasser überbrühen. Die Tomaten enthäuten und in Würfel schneiden. Die Korinthen kurz in heißes Wasser legen; dann abgießen. • 1 Eßl. Butter in einem Topf erhitzen. Die Tomaten darin 2-3 Minuten unter Rühren andünsten und mit der Fleischbrühe aufgießen. Das Ganze zum Kochen bringen und den Reis hinzufügen. Den Reis bei mittlerer Hitze köcheln lassen, bis die Flüssigkeit verdampft ist. • Währenddessen in einer Pfanne die Pinienkerne in der restlichen Butter goldbraun rösten. Die Leberstücke dazugeben, unter Wenden in 3-5 Minuten braun braten und sämtliche Gewürze sowie die Korinthen unterrühren. Diese Mischung unter den Reis heben und den Herd abstellen. • 2 Lagen Küchenkrepp zwischen Kochtopf und Deckel legen, um den Dampf aufzusaugen. Nach etwa 5 Minuten den Reis noch einmal umrühren und zu festlichen Fleischgerichten servieren.

Auberginen mit Mayonnaise

Mayonezli Patlıcan

Zutaten für 6 Personen:
6 Eier · 3 Knoblauchzehen · 4 Auberginen · reichlich Olivenöl zum Braten · 3 Eßl. Essig · Salz · 125 g Salatmayonnaise · Rosenpaprikapulver · einige Petersilienblättchen

- Vorbereitungszeit: etwa 40 Minuten
- Garzeit: etwa 20 Minuten

So wird's gemacht: Die Eier hart kochen, abschrecken, schälen und in feine Scheiben schneiden. • Die Knoblauchzehen schälen. Die Auberginen waschen, von den Stielansätzen befreien und so schälen, daß sie ein gestreiftes Aussehen erhalten. Dafür abwechselnd einen 1 cm breiten Streifen Schale stehen lassen (siehe Zeichnung Seite 13). Anschließend die Auberginen in 1 cm dicke Scheiben schneiden. Die Scheiben sofort in kaltes Salzwasser legen, damit sie sich nicht braun färben. • Das Öl in einer Pfanne erhitzen. Die Auberginenscheiben abtrocknen und auf beiden Seiten 2 Minuten in Öl anbraten. Auf einer Servierplatte eine dichte Lage Auberginenscheiben anrichten. • Die Knoblauchzehen zerquetschen, mit dem Essig verrühren und über die Auberginen träufeln. Das Ganze mit Salz bestreuen und mit Mayonnaise bestreichen. Eine weitere Lage Auberginen folgen lassen und wie die erste belegen. Mit den Eiern abschließen. Die Eier mit Paprikapulver bestreuen und mit Petersilienblättchen dekorieren. • Kalt servieren.

Auberginensalat

Patlıcan Salatası

Besonders pikant wird dieser Salat, wenn Sie 5-6 feingehackte Knoblauchzehen daruntermischen.

Zutaten für 6 Personen:
3 mittelgroße Auberginen · 4 milde Peperoni/Spitzpaprika · 2 grüne Paprikaschoten · Saft von 2 Zitronen · Salz · Pfeffer · 4 Eßl. Olivenöl · 2 mittelgroße Tomaten · 1 mittelgroße Zwiebel · 2 Eßl. frisch gehackte Petersilie · 10-15 Oliven

- Vorbereitungszeit: etwa 40 Minuten
- Garzeit: etwa 20 Minuten

So wird's gemacht: Den Backofen auf 180° vorheizen. • Die Auberginen, Peperoni und Paprikaschoten waschen, abtrocknen und 20 Minuten auf dem Rost im Backofen (Mitte) garen. Dann abkühlen lassen. Von den Auberginen vorsichtig die Haut abziehen und die Früchte 5 Minuten in kaltes Wasser legen. Die Auberginen mit der Hand ausdrücken, feinhacken und in eine Schüssel geben. Mit dem Zitronensaft beträufeln und mit Salz und Pfeffer würzen. Das Olivenöl unterrühren. • Von den Paprikaschoten und den Peperoni die Haut abziehen und beides feinschneiden. Die Tomaten waschen und den Stielansatz ausstechen. Die Tomaten kreuzweise einschneiden, überbrühen, enthäuten und sehr fein würfeln. • Die Zwiebel schälen und kleinhacken. Mit den Paprikaschoten, Peperoni und Tomaten unter die Auberginenmasse rühren. Den Salat auf eine Platte legen, mit der Petersilie bestreuen und mit den Oliven verzieren.

Hirtensalat

Çoban Salatası
Bild nebenstehend, vorne

Zutaten für 4 Personen:
500 g Tomaten · 2 Zwiebeln (oder 5 Frühlingszwiebeln) · Salz · ½ Salatgurke · 5 milde Peperoni/Spitzpaprika · 1 Eßl. frisch gehackte Minze (oder 1 Teel. getrocknete) · 2 Eßl. frisch gehackte Petersilie · 3–4 Eßl. Olivenöl · Saft von 1½ Zitronen oder 4–6 Eßl. Essig

• Zubereitungszeit: etwa 15 Minuten

So wird's gemacht: Die Tomaten waschen und die grünen Stielansätze ausstechen. Die Tomaten in kleine Stücke schneiden und in eine Schüssel geben. Die Zwiebeln schälen, halbieren, in dünne Scheiben schneiden und dann in Halbringe teilen. Die Zwiebeln mit reichlich Salz bestreuen und 10 Minuten ziehen lassen; dann kräftig mit der Hand ausdrücken, waschen und erneut ausdrücken. Bei Verwendung von Frühlingszwiebeln diese waschen, schälen und in Scheiben schneiden. Die Zwiebeln zu den Tomaten geben. Die Salatgurke schälen, der Länge nach vierteln und in etwa 1 cm dicke Stücke schneiden. Die Peperoni waschen, von den Stielansätzen und den Kernen befreien und in Streifen schneiden. Die Salatgurke und die Peperoni zu den Tomaten in die Schüssel geben. Mit der Minze und der Petersilie bestreuen. • Das Olivenöl mit dem Zitronensaft oder Essig und Salz gründlich verrühren. Diese Salatsauce über den Salat gießen und alles gut miteinander vermischen. Zu Reisgerichten servieren.

Gurken mit Joghurt

Cacık
Bild nebenstehend, hinten

Für diese türkische Vorspeise kann man statt Dill auch Minze oder Petersilie verwenden.

Zutaten für 6 Personen:
1 Salatgurke · 4 Knoblauchzehen · Salz · 600 g Joghurt · 2 Eßl. frisch gehackter Dill · 1 Teel. Olivenöl

• Zubereitungszeit: etwa 15 Minuten

So wird's gemacht: Die Salatgurke waschen, schälen und raspeln. Die Knoblauchzehen schälen und mit etwas Salz unter einem Messerrükken zerdrücken. • Den Joghurt mit der Gurke und dem Knoblauch verrühren und mit Salz abschmecken. Mit dem Dill bestreuen und mit dem Öl beträufeln. • Cacık in kleinen Tassen oder Schüsselchen servieren.

Hirtensalat und Cacık: 2 typische Beilagen der türkischen Küche, die zu fast jedem Gericht passen. Rezepte auf dieser Seite. ▷

Für die türkische Hausfrau ist es auch heute noch eine Selbstverständlichkeit, Nudeln und türkischen Pizzateig selbst herzustellen. Dieses Kapitel enthält herzhafte Gerichte der Alltagsküche. Wird der Teig mit den angegebenen Mengen zu fest oder zu weich, kneten Sie noch etwas Flüssigkeit oder Mehl unter.

Türkische Pizza

Lahmacun

Zutaten für 4–6 Personen:
Für den Teig: 500 g Mehl · 1 Teel. frische Hefe · 4–6 Eßl. lauwarme Milch · 2 Teel. Zucker · Salz ·
Für den Belag: 3 Zwiebeln · 2 mittelgroße Tomaten · 4–5 milde Peperoni/Spitzpaprika · 2 Eßl. frisch gehackte glattblättrige Petersilie · 500 g Hackfleisch vom Rind oder Lamm. · 3–4 Eßl. Olivenöl · Pfeffer · Salz · Rosenpaprikapulver · 1 Teel. Thymian

- Ruhezeit: etwa 40 Minuten
- Vorbereitungszeit: etwa 1 Stunde
- Garzeit: etwa 20 Minuten

So wird's gemacht: Das Mehl in eine Schüssel füllen und in die Mitte eine Mulde eindrücken. Die Hefe in der Milch auflösen und in die Mulde geben. Den Zucker, Salz und 2–4 Eßlöffel lauwarmes Wasser unterarbeiten. Den Teig, der nicht zu fest sein soll, kräftig durchkneten. Dann in eigroße Stücke teilen und diese zurück in die Schüssel geben. Mit einem feuchten Tuch bedecken und den Teig etwa 40 Minuten ruhen lassen. • Für den Belag die Zwiebeln schälen und feinreiben. Die Tomaten waschen und die grünen Stielansätze ausstechen. Die Tomaten kreuzweise einschneiden und kurz mit kochendem Wasser überbrühen. Die Haut abziehen und die Tomaten in kleine Würfel schneiden. Die Peperoni waschen und von den Stielansätzen und den Kernen befreien. Die Peperoni in feine Ringe schneiden. Die Zwiebeln, die Tomaten, die Peperoni und die Petersilie mit dem Hackfleisch vermischen. • Das Olivenöl, Pfeffer, Salz, Paprikapulver, den Thymian und 2 Eßlöffel Wasser unterkneten. • Den Backofen auf 200° vorheizen. • Die Teigstücke rund ausrollen, bis sie ½ cm dick sind. Die Pizzen auf 2 gefettete Backbleche legen und mit der Fleischfüllung löffelweise bestreichen. • Die Pizzen im Backofen (Mitte) 20–25 Minuten backen. • Heiß servieren und gemischten Salat dazu reichen.

◁ Baklava – Nuß-Honig-Schnitten aus Blätterteig – sind sehr süß und sehr gehaltvoll, aber auch unwiderstehlich. Rezept Seite 51.

Teigblätter mit Käsefüllung

Peynirli Börek

Zutaten für 4–6 Personen:
250 g Schafkäse · 4 Eßl. frisch gehackter Dill · 2 Eßl. frisch gehackte glattblättrige Petersilie · Rosenpaprikapulver · 125 g Butter · 4 Eier · ¼ l Milch · 150 g Joghurt · 6 Yufka (Teigblätter aus dem türkischen Spezialgeschäft)

- Vorbereitungszeit: etwa 20 Minuten
- Backzeit: etwa 30 Minuten

So wird's gemacht: Den Käse mit einer Gabel zerdrücken. Den Dill und die Petersilie mit dem Käse vermischen und mit Paprikapulver abschmecken. • Für die Sauce die Butter in einem Topf zerlassen und abkühlen lassen. Die Eier verquirlen. Die Eier, die Milch und den Joghurt mit einem Schneebesen unter die Butter rühren. • Den Backofen auf 180° vorheizen. • Ein Backblech einfetten. Darauf 1 Yufka legen, mit den Fingern dabei kräuseln und mit etwas Joghurtsauce beträufeln. Darauf wieder ein gekräuseltes Teigblatt legen und mit Joghurtsauce begießen. Auf die dritte Lage die Käsesauce verteilen. Die restlichen Yufka wie oben beschrieben mit der Joghurtsauce darauf schichten. Mit Joghurtsauce enden. Vor dem Backen die Teigblätter in viereckige Stücke schneiden, dann im Backofen (Mitte) 20–30 Minuten goldgelb backen. • Danach mit einem feuchten Tuch bedecken und etwa 10 Minuten ruhen lassen. • Die Stücke nachschneiden und servieren.

Variante: Teigblätter mit Spinatfüllung
Statt der Käsefüllung eine Spinatfüllung verwenden. Dafür 1500 g Spinat mit Zwiebeln und Butter dünsten und mit Salz und Pfeffer abschmecken.

Variante: Teigblätter mit Hackfleischfüllung
Statt der Käsefüllung eine Hackfleischfüllung verwenden. Dafür 300 g Hackfleisch mit 2 geriebenen Zwiebeln anbraten, mit Salz, Pfeffer, Paprikapulver und gehackter Petersilie würzen.

Teigröllchen

Sigara Böreği

Zutaten für 4–6 Personen:
2 Zwiebeln · 1 Eßl. Butter · 250 g Hackfleisch vom Rind oder Lamm · 2 Eßl. frisch gehackte glattblättrige Petersilie · Salz · Pfeffer · 1 Teel. Rosenpaprika · 2 Yufka (Teigblätter aus dem türkischen Spezialgeschäft) · reichlich Öl zum Braten

- Vorbereitungszeit: etwa 40 Minuten
- Bratzeit: etwa 2 Minuten je Teigröllchen

So wird's gemacht: Für die Füllung die Zwiebeln schälen und reiben. • Die Butter in einer Pfanne zerlassen und die Zwiebeln darin glasig braten. Das Hackfleisch hinzugeben und etwa 5 Minuten durchschmoren lassen. Die Petersilie unterrühren und mit Salz, Pfeffer und dem Paprikapulver abschmecken; dann abkühlen lassen. • Den Teig auf einer Arbeitsfläche auseinanderklappen, zuerst in Viertel schneiden und diese nochmals mit zwei diagonal geführten Schnitten in jeweils 4 Dreiecke zerteilen. Jeweils auf die Seite, die der Spitze der Dreiecke gegenüberliegt, etwas Hackfleischfüllung verteilen und den Teig von dieser Seite aus zur Spitze hin wie eine Zigarre aufrollen. Die Spitze kurz in

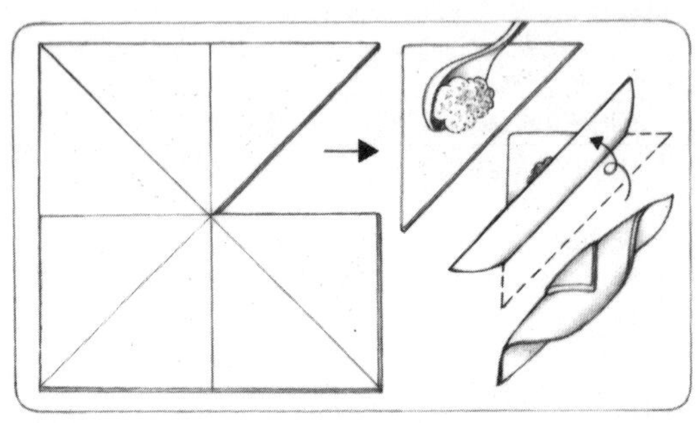

Hier sehen Sie, wie man schnell und leicht die Teigröllchen dreht. Eventuell die Spitzen noch zudrücken.

kaltes Wasser tauchen, damit sich die Röllchen nicht öffnen. • In einer Pfanne reichlich Öl erhitzen. Die Teigröllchen darin von allen Seiten goldbraun braten und auf Küchenkrepp abtropfen lassen. Heiß servieren.

Variante: Teigröllchen mit Schafkäse
Statt Hackfleisch kann man 150 g zerdrückten Schafkäse verwenden und ihn mit Paprikapulver, frisch gehackter Petersilie und frisch gehacktem Dill würzen.

Nudeltäschchen mit Hackfleischfüllung

Mantı

Zutaten für 4–6 Personen:
375 g Mehl · 1 Ei · 1 große Zwiebel · 250 g Hackfleisch vom Rind · 3 Eßl. frisch gehackte glattblättrige Petersilie · Salz · Pfeffer · edelsüßes Paprikapulver · 4 Knoblauchzehen · 600 g Joghurt · 6 Eßl. Butter · 1 Teel. Rosenpaprikapulver · 1 Teel. getrocknete gerebelte Minze (oder 2 Teel. frisch gehackte)

- Ruhezeit: etwa 30 Minuten
- Vorbereitungszeit: etwa 1 Stunde
- Garzeit: etwa 30 Minuten

So wird's gemacht: Das Mehl mit dem Ei und etwas Wasser vermischen und zu einem festen Teig verkneten. Diesen in 2 Kugeln teilen. Die Kugeln in einer Schüssel – von einem Tuch bedeckt – etwa 30 Minuten ruhen lassen. • Inzwischen die Zwiebel schälen und reiben. Das Hackfleisch mit der Zwiebel, der Petersilie, Salz, Pfeffer und edelsüßem Paprikapulver gut vermischen. • Die Teigkugeln auf einem Tuch ausrollen, bis sie etwa 2 mm dick sind. Den Teig mit Längs- und Querschnitten so zerschneiden, daß 3 cm breite Quadrate entstehen. Auf jedes dieser Quadrate mit einem Teelöffel etwas von der Hackfleischmischung häufen. Die Teigquadrate übereck zu Dreiecken zusammenklappen und am Rand fest andrücken, damit nichts von der Füllung austreten kann. • In einem großen Topf reichlich Salzwasser zum Kochen bringen und die Teigtaschen 10–15 Minuten darin kochen. • Inzwischen die Knoblauchzehen schälen und mit der Knoblauchpresse zerquetschen. Den Knoblauch mit dem Joghurt und Salz vermischen. • In einer Pfanne 3 Eßlöffel Butter zerlassen und das Rosenpaprikapulver darin gut durchbraten, aber nicht verbrennen lassen. • In einer anderen Pfanne die restliche Butter zerlassen und die Minze darin anbraten. • Die Nudeltäschchen in ein Sieb geben und abschrecken. • Auf Tellern verteilen, mit reichlich Knoblauch-Joghurt bedecken und mit der Paprika-Butter und der Minze-Butter beträufeln.

Mein Tip Man kann die rohen Teigtaschen in eine Fettpfanne geben, mit 1½ l Fleischbrühe aufgießen und in 30–40 Minuten bei 180° im Backofen garen. Dann wie beschrieben servieren.

Nudeln mit Joghurt und Hackfleischsauce

Makarna Mantısı

Zutaten für 6 Personen:
Salz · 1 Eßl. Öl · 500 g Muschelnudeln · 2 mittelgroße Zwiebeln · 2 mittelgroße Tomaten · 3–4 milde Peperoni/Spitzpaprika · 6 Knoblauchzehen · 300 g Joghurt · 4 Eßl. Butter · 300 g Hackfleisch vom Rind oder Lamm · Pfeffer · Rosenpaprikapulver · 1 Eßl. Tomatenmark

- Vorbereitungszeit: etwa 30 Minuten
- Garzeit: etwa 25 Minuten

So wird's gemacht: In einem großen Topf reichlich Wasser zum Kochen bringen und kräftig salzen. Das Öl hineingeben und die Nudeln darin unter gelegentlichem Umrühren etwa 15 Minuten kochen. • Inzwischen die Zwiebeln schälen und reiben. Die Tomaten waschen und die grünen Stielansätze ausstechen. Die Tomaten kreuzweise einschneiden und kurz mit kochendem Wasser überbrühen. Die Haut abziehen und die Tomaten kleinschneiden. Die Peperoni waschen, die Stielansätze und die Kerne entfernen und die Peperoni in Ringe schneiden. • Die Knoblauchzehen schälen und mit einer Knoblauchpresse zerquetschen. Zusammen mit 1 Teelöffel Salz in den Joghurt geben und gut verrühren. • In einer Pfanne die Butter zerlassen und die Zwiebeln darin glasig braten. Das Gemüse dazugeben und 2–3 Minuten dünsten. Das Hackfleisch unter Rühren hinzufügen und etwa 5 Minuten anbraten. Mit Salz, Pfeffer und Paprikapulver abschmecken. Das Tomatenmark in ½ Tasse Wasser auflösen und dazugießen. Alles kurz bei mittlerer Hitze köcheln lassen; dann den Topf vom Herd nehmen. Die Nudeln abgießen und abschrecken. • Die Nudeln portionsweise auf die Teller verteilen, den Knoblauch-Joghurt und die Hackfleischsauce darauf verteilen und alles sofort servieren.

Rührei mit Gemüse

Menemen

Zutaten für 4 Personen:
2 mittelgroße Zwiebeln · 4 Tomaten · 4 milde Peperoni/Spitzpaprika · 3 Eßl. Butter · 8 Eier · Salz · Pfeffer · Rosenpaprikapulver

- Vorbereitungszeit: etwa 15 Minuten
- Garzeit: etwa 10 Minuten

So wird's gemacht: Die Zwiebeln schälen und hacken. Die Tomaten waschen und die grünen Stielansätze entfernen. Die Tomaten kreuzweise einschneiden und kurz mit kochendem Wasser überbrühen. Die Haut abziehen und die Tomaten kleinschneiden. Die Peperoni waschen und die Stielansätze sowie die Kerne entfernen. Die Peperoni in Ringe schneiden. • In einer Deckelpfanne die Butter erhitzen und die Zwiebeln darin glasig braten. Die Peperoni und die Tomaten hinzufügen und 2–3 Minuten in der offenen Pfanne bei mittlerer Hitze dünsten lassen. • Die Eier verquirlen, mit Salz, Pfeffer und Paprikapulver würzen und auf das Gemüse geben. Einmal umrühren und das Ei bei geschlossenem Deckel etwa 5 Minuten stocken lassen. • Das Rührei mit frischem Fladenbrot (siehe Seite 5) servieren.

Pochierte Eier auf Knoblauch-Joghurt

Çılbır

Zutaten für 4 Personen:
½ Tasse Essig · Salz · 4–5 Knoblauchzehen · 450 g Joghurt · 8 Eier · 3 Eßl. Butter · 2 Teel. Rosenpaprikapulver

- Vorbereitungszeit: etwa 15 Minuten
- Garzeit: etwa 15 Minuten

So wird's gemacht: Reichlich Wasser in einem großen Topf zum Kochen bringen und den Essig und Salz hineingeben. • In der Zwischenzeit die Knoblauchzehen schälen, mit Salz zerdrükken und mit dem Joghurt vermischen. Den Knoblauch-Joghurt auf eine große Servierplatte geben. • Die Eier nacheinander aufschlagen und mit Hilfe einer Schöpfkelle ins kochende Essigwasser gleiten lassen. So lange pochieren, bis das Eiweiß hart ist. Die Eier dann mit einem Schaumlöffel aus dem Wasser nehmen und auf den Knoblauch-Joghurt legen. • Die Butter in einer Pfanne erhitzen und das Paprikapulver darin etwa 2 Minuten unter Rühren braten.
• Die Paprika-Butter über die pochierten Eier gießen und das Gericht sofort servieren.

Geflügel-, Fleisch- und Gemüsegerichte

Dieses Kapitel stellt eine Auswahl beliebter türkischer Hauptmahlzeiten vor: Die Geflügel- und Fleischgerichte werden gern mit Reis und Salat serviert. Die Gemüsegerichte enthalten meist etwas Fleisch; sie werden immer warm gereicht.

Hähnchentopf

Tavuk Güveci

Dieses Gericht wird in dem in der Türkei beliebten Tontopf »Güveç« zubereitet. Der Römertopf ist ihm vergleichbar.

Zutaten für 4–6 Personen:
1 Hähnchen (von 1200 g) · Salz · 2 Möhren · 2 Zucchini · 3 Fleischtomaten · 200 g grüne Bohnen · 200 g Okra · 5–6 milde Peperoni/Spitzpaprika · 2 Auberginen · 3 große Zwiebeln · 3 Eßl. Butter · Rosenpaprikapulver

- Vorbereitungszeit: etwa 50 Minuten
- Garzeit: etwa 50 Minuten

So wird's gemacht: Den Tontopf 10 Minuten wässern. • Das Hähnchen innen und außen waschen und etwa 10 Minuten in 2 Tassen Salzwasser kochen. Aus der Brühe nehmen und abkühlen lassen; die Brühe aufbewahren. • Den Backofen auf 180° vorheizen. • Die Möhren und die Zucchini waschen, schaben und in 1 cm große Stücke schneiden. Die Fleischtomaten waschen und die grünen Stielansätze ausstechen. Die Tomaten kreuzweise einschneiden und kurz mit kochendem Wasser überbrühen. Die Haut abziehen und die Tomaten in Stücke schneiden. Die Bohnen von den Fäden befreien, waschen und halbieren. Die Okra waschen und die Stielansätze vorsichtig wie eine Bleistiftspitze abschneiden, um die Frucht nicht zu verletzen; sonst läuft die Fruchtflüssigkeit aus. Die Peperoni waschen, die Stielansätze abschneiden und die Kerne entfernen. Die Peperoni in Ringe schneiden. Die Auberginen waschen und in dikke Scheiben schneiden. Die Zwiebeln schälen und grob zerteilen. Das Hähnchen in große Stücke schneiden. • Alle Zutaten in den Tontopf geben, die Brühe und die Butter hinzufügen und mit Salz und Paprikapulver würzen. Den Topf verschließen und das Gericht im Backofen (Mitte) 30–40 Minuten garen.

Hähnchenklöße

Tavuk Köftesi (Kroket)

Zutaten für 4 Personen:
1 Hähnchen (von 1200 g) · Salz · 4 Eier · 2 Eßl. Butter · 3 Eßl. Mehl · 50 g geriebener Kaşar-Käse, ersatzweise Greyerzer Käse (Gruyère) · 1 Teel. Kokosnußraspel · Pfeffer · 240 g Semmelbrösel/Paniermehl · reichlich Öl zum Braten

- Vorbereitungszeit: etwa 40 Minuten
- Garzeit: etwa 40 Minuten

So wird's gemacht: Das Hähnchen innen und außen waschen und in 3 Tassen kochendes Salzwasser geben. Das Hähnchen im geschlossenen Topf bei schwacher Hitze etwa 20 Minuten garen. Aus der Brühe nehmen, abkühlen lassen, von Haut und Knochen befreien und in erbsengroße Würfel schneiden. Die Brühe aufbewahren. • Die Eier trennen. • In einem Topf die Butter erhitzen, das Mehl darin Farbe nehmen lassen und die Brühe unter Rühren hinzugießen. So lange kochen lassen, bis eine dicke Masse entsteht. Dann vom Herd nehmen, abkühlen lassen und die Eigelbe, den Käse, die Kokosnußraspel, das Hähnchenfleisch, Salz und Pfeffer hinzugeben. Unter Rühren langsam zum Kochen bringen und 2–3 Minuten kochen lassen. •

Die Masse auf ein gefettetes Backblech geben und abkühlen lassen. In walnußgroße Stücke aufteilen, diese mit einem Messer flach drücken, bis sie fingerdick sind. Diese »Kroketten« zuerst in den verquirlten Eiweißen und dann in Semmelbröseln wenden. • Öl in einer Pfanne erhitzen und die Hähnchenkroketten von beiden Seiten je Portion in etwa 3 Minuten goldbraun braten. • Auf Küchenkrepp abtropfen lassen und heiß servieren.

Hähnchen mit Spinat

Ispanak Püreli Tavuk

Zutaten für 4 Personen:
1 Hähnchen (von 1200 g) · 1 Zwiebel · Salz · 1 kg Spinat · Pfeffer · 2 Eßl. Butter · 2 Eßl. Mehl · ⅛ l Milch · 2 Teel. Kokosnußraspel · 150 g geriebener Kaşar-Käse, ersatzweise Greyerzer Käse (Gruyère)

- Vorbereitungszeit: etwa 40 Minuten
- Garzeit: etwa 40 Minuten

So wird's gemacht: Das Hähnchen innen und außen waschen. Die Zwiebel schälen und halbieren. Das Hähnchen mit der Zwiebel und ¼ l Wasser in einen Topf geben, salzen, aufkochen lassen und im geschlossenen Topf bei schwacher Hitze etwa 20 Minuten garen. • Das Hähnchen aus der Brühe heben, abkühlen lassen, von Haut und Knochen befreien und in kleine Stücke schneiden. Die Brühe aufbewahren. • Den Spinat gründlich waschen, kleinschneiden und in einem Topf ohne Zugabe von Wasser bei mittlerer Hitze im offenen Topf dünsten, bis alle Flüssigkeit verdampft ist. Den Spinat in eine gefettete Auflaufform geben. Das Hähnchenfleisch darauf verteilen und mit Salz und Pfeffer würzen. • Den Backofen auf 180° vorheizen. • In einem Topf 1 Eßlöffel Butter erhitzen und das Mehl darin Farbe nehmen lassen. Die Milch und die Brühe unter Rühren hinzufügen. Die Kokosnußraspel hineingeben und die Sauce über das Hähnchen gießen. Den Käse darüberstreuen und die restliche Butter in Flöckchen darauf verteilen. Das Ganze im Backofen (Mitte) backen, bis der Käse goldbraun ist. • Heiß servieren.

Frauenschenkel

Kadın Budu Köfte

Türkische Köche geben besonders gelungenen Gerichten gerne Namen wie »Frauenschenkel« oder »Frauennabel«. Sie möchten damit den Frauen sozusagen einen kulinarischen Liebeserweis schenken.

Zutaten für 4–6 Personen:
4 Eßl. Reis · 3 Zwiebeln · 1 Eßl. Butter · 400 g Hackfleisch vom Rind oder Lamm · 2 Eßl. frisch gehackte glattblättrige Petersilie · 100 g geriebener Kaşar-Käse, ersatzweise Greyerzer (Gruyère) · 5 Eier · Salz · Pfeffer · Rosenpaprikapulver · 1 Teel. Pimentpulver · reichlich Öl zum Braten · 1 Tasse Semmelbrösel/ Paniermehl

- Vorbereitungszeit: etwa 40 Minuten
- Garzeit: etwa 4 Minuten je Frikadelle

So wird's gemacht: Den Reis in reichlich Salzwasser etwa 20 Minuten kochen, abgießen und erkalten lassen. • Die Zwiebeln schälen und feinreiben. • Die Butter in einer Pfanne erhitzen und die Zwiebeln darin glasig braten. Die Hälfte des Hackfleisches mit anbraten. Die Masse dann abkühlen lassen und in eine Schüssel füllen. Das restliche rohe Hackfleisch, den Reis, die Petersilie, den Käse, 2 Eier und die Gewürze hinzufügen und alles gut vermischen. Aus dem

Teig 15–20 keulenförmige Frikadellen formen. • Das Öl in einer Pfanne erhitzen. Die restlichen Eier auf einem Teller verquirlen. Die Semmelbrösel auf einem weiteren Teller verteilen. Die Frikadellen zunächst in den Semmelbröseln, dann im Ei wenden und in der Pfanne von beiden Seiten goldbraun braten. Auf Küchenkrepp abtropfen lassen. • Die Frikadellen warm oder kalt servieren.

Das paßt dazu: Auberginensalat (Rezept Seite 25)

Marinierte Fleischspießchen

Şiş Kebap
Bild 2. Umschlagseite

Zutaten für 4–6 Personen:
500 g Lamm- oder Kalbfleisch (aus der Keule) · ¼ l Essig · 2 Teel. Rosenpaprikapulver · 2 Teel. Pimentpulver · 2 Teel. Thymian · Salz · Pfeffer · 2 Zwiebeln · 3 Knoblauchzehen · 2 Tomaten · 4 Eßl. Olivenöl · 12 Schaschlikspieße

- Vorbereitungszeit: etwa 30 Minuten
- Marinierzeit: 8–10 Minuten
- Garzeit: 15–25 Minuten

So wird's gemacht: 8–10 Stunden vor der Zubereitung die Sehnen und das Fett vom Fleisch entfernen und das Fleisch in Würfel schneiden. • Eine Marinade aus dem Essig, dem Paprikapulver, dem Pimentpulver, dem Thymian, Salz und Pfeffer herstellen. • Die Zwiebeln und die Knoblauchzehen schälen und in hauchdünne Scheiben schneiden; dann in Ringe teilen. Die Tomaten waschen und die grünen Stielansätze ausstechen. Die Tomaten kreuzweise einritzen und kurz mit kochendem Wasser überbrühen. Die Haut abziehen und die Tomaten kleinschneiden. Die Zwiebeln, den Knoblauch und die Tomaten mit 3 Eßlöffeln Öl in die Marinade geben. Die Fleischstücke in die Marinade legen und 5 Minuten durchmassieren; dann 8–10 Stunden im Kühlschrank zugedeckt durchziehen lassen. Das Fleisch ab und zu wenden. • Vor der Zubereitung den Holzkohlengrill vorheizen, bis sich auf der Kohle weiße Asche gebildet hat (beziehungsweise den Elektrogrill vorheizen). • Die Schaschlikspieße mit Öl bepinseln und das Fleisch auf die Spieße stecken. Die Spieße 15–25 Minuten grillen. • Heiß servieren und Reis dazu reichen.

Variante: Gemüse-Fleisch-Spießchen
Geschälte Zwiebeln, Tomaten, Auberginen oder Paprikaschoten wie das Fleisch in Würfel schneiden und zwischen den Fleischstücken aufspießen. Die Spieße wie beschrieben grillen oder im Backofen bei 200° auf dem Rost 20–25 Minuten braten.

Hirn mit Gemüse

Beyin Sufle

Zutaten für 6 Personen:
1 Kalbshirn · 2 Hammelhirne · 3 Eßl. Essig · Salz · 2 Möhren · 2 Zucchini · 3 Eßl. Butter · 1 Eßl. Mehl · ⅛ l Milch · Pfeffer · 2 Teel. Kokosnußraspel · 4 Eier · 150 g geriebener Kaşar-Käse, ersatzweise Greyerzer Käse (Gruyère)

- Vorbereitungszeit: etwa 20 Minuten
- Garzeit: etwa 40 Minuten

So wird's gemacht: Das Kalbshirn und die Hammelhirne waschen und in Wasser legen, bis sich das Blut gelöst hat. Die Hirne nochmals waschen und in einem Topf mit 1 l Wasser, dem

Essig und Salz etwa 5 Minuten kochen. Die Hirne herausnehmen, kalt werden lassen und die Haut sowie die Äderchen entfernen. Anschließend abspülen und sehr klein schneiden. • Die Möhren und die Zucchini waschen, schaben und feinreiben. • In einem Topf 1 Eßlöffel Butter erhitzen und das Mehl darin Farbe nehmen lassen. Mit der Milch aufgießen und Salz, Pfeffer sowie die Kokosnußraspel hinzufügen. Alles etwa 5 Minuten köcheln lassen; dann vom Herd nehmen. • Den Backofen auf 180° vorheizen. • Die Eier trennen. Die Hirne, das Gemüse, die Eigelbe und die Hälfte vom Käse unterrühren. Mit Salz und Pfeffer abschmecken. Die Eiweiße zu Schnee schlagen und unter die Masse heben. Die Masse in eine gefettete Auflaufform geben, mit dem restlichen Käse bestreuen und die restliche Butter in Flöckchen darauf verteilen.
Das Ganze im Backofen (Mitte) backen, bis der Käse goldbraun ist.

Auberginen-Musaka

Patlıcan Musakka
Bild nebenstehend

Zutaten für 6 Personen:
3 Zwiebeln · 3 Tomaten · 4 milde Peperoni/ Spitzpaprika · 3 Eßl. Butter · 250 g Hackfleisch vom Rind oder Lamm · Salz · Pfeffer · Rosenpaprikapulver · 4 Auberginen · Olivenöl (zum Braten) · 1 ½ Tassen Rindfleischbrühe · 2 Eßl. frisch gehackte glattblättrige Petersilie

- Vorbereitungszeit: etwa 50 Minuten
- Garzeit: etwa 45 Minuten

So wird's gemacht: Die Zwiebeln schälen und kleinhacken. Die Tomaten waschen und die grünen Stielansätze ausstechen. Die Tomaten kreuzweise einschneiden und kurz mit kochendem Wasser überbrühen. Die Haut abziehen und die Tomaten kleinschneiden. Die Peperoni waschen, vom Stielansatz und den Kernen befreien und in Ringe schneiden. • Die Butter in einem Topf erhitzen und die Zwiebeln darin glasig braten. Das Hackfleisch, die Tomaten und die Peperoni hineingeben und unter Rühren etwa 5 Minuten anbraten. Mit Salz, Pfeffer und Paprikapulver würzen. Vom Herd nehmen. • Den Backofen auf 180° vorheizen. • Die Auberginen waschen und die Stielansätze abschneiden. Jeweils 3 dicke Streifen Schale der Länge nach abschälen, so daß an jeder Aubergine 3 geschälte und 3 ungeschälte Längsstreifen bleiben (siehe Zeichnung Seite 13). Dann die Auberginen quer zu den Streifen in fingerdicke Scheiben schneiden. • In einer Pfanne das Olivenöl heiß werden lassen und die Auberginen von beiden Seiten anbraten. Die fertigen Scheiben auf Kreppapier abtropfen lassen. • In eine Fettpfanne abwechselnd eine Schicht Auberginen und dann eine Schicht Hackfleisch geben, bis alles verbraucht ist. Die oberste Schicht soll aus Hackfleisch bestehen. Die Fleischbrühe darübergießen und die Petersilie darüberstreuen. • Das Ganze im Backofen (Mitte) etwa 30 Minuten backen. • Heiß servieren.

Das paßt dazu: Türkischer Reis (Pilaw; Rezept Seite 21)

Die zerkleinerten Zutaten werden kurz angebraten. ▷ Auberginenscheiben, im Zebramuster abgeschält, sind besonders zart, wenn man sie anbrät. Alles in eine Form schichten, im Backofen garen – fertig ist die türkische Auberginen-Musaka. Rezept auf dieser Seite.

Gefüllte Weinblätter

Kıymalı Yaprak Dolması
Bild nebenstehend

Zutaten für 4-6 Personen:
1 Beutel eingelegte Weinblätter (aus dem türkischen Spezialgeschäft) · 2 Zwiebeln · 3 Tomaten · 300 g Hackfleisch vom Rind oder Lamm · 3-4 Eßl. Reis · 4 Eßl. frisch gehackte glattblättrige Petersilie · Salz · Pfeffer · Rosenpaprikapulver · 4 Eßl. Butter · 1 Eßl. Minze (frisch oder 1 Teel. getrocknete)

- Vorbereitungszeit: etwa 1½ Stunden
- Garzeit: etwa 30 Minuten

So wird's gemacht: Die Weinblätter in warmes Wasser legen, um die Salzlake zu entfernen. Die Zwiebeln schälen und feinhacken. Die Tomaten waschen und die grünen Stielansätze ausstechen. Die Tomaten kurz mit kochendem Wasser überbrühen und die Haut abziehen. Die Tomaten kleinschneiden. • Das Hackfleisch mit dem Reis, den Zwiebeln, den Tomaten, der Petersilie, Salz, Pfeffer, Paprikapulver, 2 Eßlöffeln Butter und der Minze vermischen. ½ Tasse Wasser unterarbeiten. • Die Weinblätter mit der glatten Seite nach unten auf die Arbeitsfläche legen und auf jedes Weinblatt 1-1½ Teel. Hackfleischfüllung häufen. Die Blattseiten über der Füllung nach innen klappen und die Blätter in Richtung Blattspitze aufrollen. Mit einigen Weinblättern den Boden des Kochtopfes auslegen. Darauf die gefüllten Weinblätter geben. Mit 2 Tassen Salzwasser aufgießen und die restliche Butter hinzufügen. Die Weinblätter mit einem Teller beschweren, damit sie sich während des Kochens nicht aufrollen. Im geschlossenen Topf etwa 30 Minuten kochen. • Zu den gefüllten Weinblättern paßt sehr gut eine Sauce aus Joghurt, gepreßten Knoblauchzehen und etwas Salz.

◁ Die gefüllten Weinblätter sind eines der bekanntesten Gerichte, nicht nur in der Türkei, sondern im ganzen Mittelmeerraum. Sie gelingen problemlos nach dem Rezept auf dieser Seite.

Variante: Gefüllte Paprikaschoten
Von 6 Paprikaschoten die Deckel abschneiden und sie innen sorgfältig säubern. Die Paprikaschoten mit der im Rezept beschriebenen Hackfleisch-Reis-Mischung füllen und wie beschrieben in 15-20 Minuten garen.

Variante: Gefüllte Auberginen
6 kleine runde Auberginen verwenden. Die Stielansätze abschneiden und die Früchte von der Schnittfläche her mit einem Teelöffel vorsichtig aushöhlen, so daß schließlich nur noch eine dünne Wand bleibt. Die ausgehöhlten Auberginen mit der im Rezept beschriebenen Hackfleisch-Reis-Mischung füllen und wie die Paprikaschoten garen.

Wintereintopf

Kış Türlüsü

Zutaten für 4 Personen:
3 Möhren · 3 Zwiebeln · 5-6 Knoblauchzehen · 2 Stangen Lauch · 1 Sellerieknolle · 4 Kartoffeln · 3 Eßl. Butter · Salz · Pfeffer · Rosenpaprikapulver · ½ Tasse Reis · 1 Eßl. Tomatenmark · 2 Tassen Fleischbrühe

- Vorbereitungszeit: etwa 50 Minuten
- Garzeit: etwa 40 Minuten

So wird's gemacht: Die Möhren waschen, schaben und in Würfel schneiden. Die Zwiebeln und die Knoblauchzehen schälen und hacken. Den Lauch putzen, längs einschneiden und unter fließendem Wasser gründlich waschen. Die Lauchstangen in Scheiben schneiden. Die Sellerieknolle waschen, schälen und in kleine Stücke schneiden. Die Kartoffeln waschen, schälen und würfeln. • Die Butter in einem Topf erhitzen und die Zwiebeln darin glasig braten. Alle Gemüsesorten hinzufügen und unter Rühren 5–10 Minuten braten. Salz, Pfeffer, Paprikapulver und den Reis hinzufügen. Das Tomatenmark mit der Fleischbrühe verrühren und zum Gemüse gießen. Gelegentlich umrühren und bei mittlerer Hitze im offenen Topf so lange kochen, bis alle Flüssigkeit verdampft ist.

Mein Tip Der Wintereintopf wird kräftiger, wenn man 500 g Gulaschfleisch vom Kalb oder Lamm gut mit den Zwiebeln anbrät. Die Garzeit verlängert sich dann auf etwa 1 Stunde.

Gegrillte Frikadellen-Spießchen

Şiş Köfte

Zutaten für 4 Personen:
2 Zwiebeln · 500 g Hackfleisch vom Rind · 3–4 Eßl. Semmelbrösel/Paniermehl · 2 Eßl. frisch gehackte glattblättrige Petersilie · 2 Eßl. Öl · 1 Ei · Salz · Pfeffer · Rosenpaprikapulver · 1 Teel. Pimentpulver · 8 Schaschlikspieße

- Vorbereitungszeit: etwa 30 Minuten
- Garzeit: etwa 15 Minuten

So wird's gemacht: Den Holzkohlengrill vorheizen, bis die Kohle mit weißer Asche bedeckt ist (oder den Elektrogrill vorheizen). • Die Zwiebel schälen und feinreiben. Das Hackfleisch mit den Semmelbröseln, den Zwiebeln, der Petersilie, 1 Eßlöffel Öl, dem Ei, Salz, Pfeffer, Paprikapulver und dem Pimentpulver vermischen und gut durchkneten. Aus dem Teig 8–10 cm lange Röllchen formen. • Die Schaschlikspieße mit Öl bepinseln. Die Fleischröllchen daraufstecken und andrücken. Die Spieße von allen Seiten grillen. • Die Spieße heiß auftragen.

Das paßt dazu: Hirtensalat (Rezept Seite 26) und türkisches Fladenbrot (siehe Seite 5)

Variante:
Frikadellen-Spießchen aus dem Backofen
Die Spieße mit Tomatenachteln und Peperonihälften anreichern und im Backofen auf dem Rost bei 200° backen.

Überbackener Lauch

Fırında Sütlü Pırasa

Zutaten für 6 Personen:
1 kg Lauch · 1 mittelgroße Zwiebel · 3 Eßl. Butter · 250 g Hackfleisch vom Rind oder Lamm · ½ Eßl. Tomatenmark · 1 Tasse Fleischbrühe · Salz · Pfeffer · Rosenpaprikapulver · 3 Eier · 2 Tassen Milch · 80 g geriebener Kaşar-Käse, ersatzweise Gouda-Käse

- Vorbereitungszeit: etwa 30 Minuten
- Garzeit: etwa 1 Stunde

So wird's gemacht: Das Wurzelende der Lauchstangen abschneiden, die Stangen der Länge nach halbieren, auseinanderbiegen und unter fließendem Wasser gründlich waschen. Den Lauch in 1 cm dicke Scheiben schneiden.

Die Zwiebel schälen und kleinhacken. • 2 Eßlöffel Butter in einem Topf erhitzen und die Zwiebel darin glasig braten. Das Fleisch hinzufügen und etwa 4 Minuten anbraten. Das Tomatenmark hineinrühren, den Lauch und die Fleischbrühe hinzugeben und mit Salz, Pfeffer sowie Paprikapulver würzen. Das Ganze 20–25 Minuten im offenen Topf bei mittlerer Hitze dünsten, bis alle Flüssigkeit verdampft ist. Dabei ab und zu umrühren. • Vom Herd nehmen und in eine Auflaufform füllen. • Den Backofen auf 180° vorheizen. • Die Eier verquirlen und mit der Milch verrühren. Diese Mischung über die Lauchmasse gießen. Den Käse darüberstreuen und die restliche Butter darauf verteilen. Den Auflauf im Backofen etwa 30 Minuten backen, bis der Käse goldbraun ist. • Mit frischem Weißbrot servieren.

Kichererbsen mit Kutteln

Nohultu İşkembe yahnisi

Zutaten für 6 Personen:
300 g Kichererbsen · 600 g Kutteln (vom Rind) · Salz · 1 Zitrone · 6 Knoblauchzehen · 3 mittelgroße Zwiebeln · 3 Eßl. Butter · 1 Eßl. Tomatenmark · Rosenpaprikapulver

- Einweichzeit: etwa 12 Stunden
- Zeit zum Ziehen: etwa 2 Stunden
- Vorbereitungszeit: etwa 1 Stunde
- Garzeit: etwa 40 Minuten

So wird's gemacht: Die Kichererbsen am Vortag in kaltem Wasser einweichen. • Die Erbsen abgießen, etwa 20 Minuten in Wasser kochen und wieder abgießen. • Die Kutteln waschen, mit reichlich Salz einreiben und 2 Stunden ziehen lassen. Das Salz mit einem Messer abstreifen und die Kutteln noch einmal unter fließendem Wasser waschen. Die Zitrone schälen, die Knoblauchzehen schälen und halbieren. Die Zitrone und den Knoblauch mit den Kutteln in 1½ l Wasser geben, aufkochen lassen und im geschlossenen Topf bei schwacher Hitze etwa 1 Stunde garen. • Die Kutteln abgießen, etwas abkühlen lassen und in kleine Stücke schneiden. • Die Zwiebeln schälen und hacken. Die Butter in einem Topf erhitzen. Die Zwiebeln darin glasig braten. Das Tomatenmark mit 1 Tasse Wasser verrühren und zu den Zwiebeln geben. Die restlichen Knoblauchzehen sowie Salz und Paprikapulver hinzufügen. Die Kutteln und die Kichererbsen hinzugeben, mit ¼ l Wasser auffüllen und nochmals mit Salz abschmekken. Das Ganze etwa 30 Minuten kochen lassen. • Das fertige Ragout in eine Schüssel füllen.

Das paßt dazu: Weizengrütze mit Gemüse (Rezept Seite 14)

Spinattopf

Kıymalı Ispanak

Zutaten für 4–6 Personen:
1,5 kg frischer Spinat · 3 Zwiebeln · 3 Tomaten · 3 Eßl. Butter · 250 g Hackfleisch vom Hammel oder Rind · 3 Eßl. Reis · Salz · Pfeffer · 1½ Tassen Rindfleischbrühe

- Vorbereitungszeit: etwa 40 Minuten
- Garzeit: etwa 30 Minuten

So wird's gemacht: Den Spinat gründlich waschen und grob zerkleinern. Die Zwiebeln schälen und hacken. Die Tomaten waschen und die grünen Stielansätze ausstechen. Die Tomaten kreuzweise einschneiden und kurz mit kochendem Wasser überbrühen. Die Haut abziehen und die Tomaten kleinschneiden. • In einem Topf die Butter zerlassen und die Zwiebeln darin glasig braten. Das Hackfleisch unter Rühren mit anbraten. Die Tomaten und den Spinat zum Hackfleisch geben und alles bei mittlerer Hitze im offenen Topf etwa 10 Minuten kochen lassen. Den Reis obenauf geben und mit Salz und Pfeffer würzen. Mit der Fleischbrühe auffüllen. Das Ganze bei schwacher Hitze im geschlossenen Topf etwa 20 Minuten kochen lassen. • Heiß servieren und obenauf Knoblauch-Joghurt (siehe Seite 26) geben. Weißbrot dazu reichen.

Kartoffel-Hirn-Frikadellen

Patatesli Beyin Köftesi

Zutaten für 4–6 Personen:
5 große Kartoffeln · Salz · 2 Kalbshirne · 2 Eßl. Essig · 100 g geriebener Kaşar-Käse, ersatzweise Greyerzer-Käse (Gruyère) · 2 Eßl. Mehl · 2 Eßl. frisch gehackte glattblättrige Petersilie · Pfeffer · 3 Eier · reichlich Öl zum Braten · 80 g Semmelbrösel/Paniermehl · Salatblätter zum Garnieren

- Vorbereitungszeit: etwa 30 Minuten
- Garzeit: etwa 3 Minuten je Frikadelle

So wird's gemacht: Die Kartoffeln schälen, vierteln und in kochendem Salzwasser etwa 20 Minuten garen; dann abgießen und zerstampfen. • Die Hirne waschen und in Wasser legen, bis sich das Blut gelöst hat. Die Hirne nochmals waschen und in einem Topf mit 1 l Wasser, dem Essig und Salz etwa 5 Minuten kochen. Die Hirne mit einer Gabel zerdrücken. In einer Schüssel das Kartoffel- und Hirnpüree, den Käse, das Mehl, die Petersilie, Salz und Pfeffer mit 1 Ei zu einem Teig verarbeiten. Daraus große Frikadellen formen. • Das Öl in einer Pfanne erhitzen. Die 2 restlichen Eier auf einem Teller verquirlen. Die Semmelbrösel ebenfalls auf einen Teller geben. Die Frikadellen zunächst in den Semmelbröseln, dann im Ei wenden und in der Pfanne von allen Seiten goldbraun braten. Auf Küchenkrepp abtropfen lassen. • Die Frikadellen auf Salatblättern servieren.

Weiße Bohnen mit Fleisch

Kuru Fasülye

Dieses Nationalgericht können Sie mit verschiedenen Einlagen abwandeln, wie die Varianten zeigen. Man verwendet gerne Lammfleisch, aber auch Kalbfleisch, Hackfleisch oder Pastırma, einen rohen Knoblauch-Schinken, der im türkischen Spezialgeschäft erhältlich ist.

Zutaten für 4 Personen:
300 g weiße Bohnen · Salz · 4 Zwiebeln · 3–4 Knoblauchzehen · 4 Fleischtomaten · 4–5 milde Peperoni/Spitzpaprika · 4 Eßl. Butter · 400 g Gulaschfleisch vom Lamm oder Kalb · ½ l Rindfleischbrühe · 1 Eßl. Tomatenmark · Rosenpaprikapulver

- Einweichzeit: etwa 12 Stunden
- Vorbereitungszeit: etwa 40 Minuten
- Garzeit: etwa 1 Stunde

So wird's gemacht: Die weißen Bohnen am Vortag in kaltes Wasser geben und einweichen. • Die Bohnen abgießen und von Salzwasser bedeckt etwa 20 Minuten kochen lassen, dann abgießen. • Die Zwiebeln schälen und kleinschneiden. Die Knoblauchzehen schälen und kleinschneiden. Die Tomaten waschen und die grünen Stielansätze ausstechen. Die Tomaten kreuzweise einschneiden und kurz mit kochendem Wasser überbrühen. Die Haut abziehen und die Tomaten kleinschneiden. Die Peperoni waschen, die Stielansätze und die Kerne entfernen. Die Peperoni in Ringe schneiden. • Die Butter in einem Topf erhitzen und die Zwiebeln darin glasig braten. Das Lammfleisch darin braun anbraten. Die Knoblauchzehen, die Tomaten, die Peperoni und die Bohnen hinzufügen. Die Fleischbrühe mit dem Tomatenmark verrühren und in den Topf gießen. Mit Salz und Paprikapulver würzen und das Ganze etwa 30 Minuten bei schwacher Hitze im geschlossenen Topf garen. • Heiß auftragen und türkischen Reis (Rezept Seite 21) dazu reichen.

Variante: Weiße Bohnen mit Rinderhackfleisch
Statt Lammgulasch 300 g Rinderhackfleisch mit den Zwiebeln anbraten, wobei sich dann die Garzeit verkürzt.

Variante: Weiße Bohnen mit Pastırma
Nach etwa 45 Minuten Garzeit 200 g vom würzigen türkischen Knoblauch-Schinken Pastırma – kleingeschnitten – in den Topf geben und noch etwa 5 Minuten weitergaren.

Auberginen mit Hackfleischfüllung

Karnıyarık

Zutaten für 4 Personen:
4 Auberginen · reichlich Olivenöl zum Braten · 2 Zwiebeln · 3 Tomaten · 3 Eßl. Butter · 200 g Hackfleisch vom Rind oder Lamm · 4 milde grüne Peperoni/Spitzpaprika · 2 Eßl. frisch gehackte glattblättrige Petersilie · Salz · Pfeffer · Rosenpaprikapulver · 1 Teel. Kreuzkümmel

- Vorbereitungszeit: etwa 30 Minuten
- Garzeit: etwa 40 Minuten

So wird's gemacht: Die Auberginen waschen und die Stielansätze abschneiden. Dann der Länge nach von der Schale einen Streifen von etwa 1 cm Breite abschälen. Danach einen Streifen von der gleichen Breite stehen lassen. Wieder einen Streifen abschälen und so fortfahren, bis die ganzen Auberginen gestreift aussehen (siehe Zeichnung Seite 13). In jeweils einen geschälten Streifen mit einem Messer einen Schlitz einschneiden. Außerdem die geschälten Stellen der Auberginen mit einer Gabel mehrmals einstechen, damit die Früchte beim Anbraten genügend Fett aufsaugen können – sie werden so zarter. • Öl in einer Pfanne erhitzen und die Auberginen darin von allen Seiten anbraten. Dann auf eine Fettpfanne legen. • Den Backofen auf 180° vorheizen. • Die Zwiebeln schälen und kleinschneiden. 2 Tomaten waschen und die grünen Stielansätze ausstechen. Die Tomaten kreuzweise einschneiden, überbrühen, häuten und kleinschneiden. • Die Butter in einer Pfanne erhitzen und die Zwiebeln darin glasig braten. Das Hackfleisch hinzufügen und anbraten. 2 Peperoni waschen, von den Stielansätzen befreien, entkernen und in Ringe schneiden. Die Tomaten und die Peperoni in die Pfanne geben. Die Petersilie, Salz, Pfeffer, Paprikapulver und den Kreuzkümmel unterrühren. Diese Hackfleischmischung in die Schlitze der Auberginen füllen. • Die restlichen Peperoni waschen, von den Stielansätzen befreien, längs halbieren und entkernen. Die restliche Tomate waschen, vom Stielansatz befreien und in 4 Scheiben schneiden. Auf jede gefüllte Aubergine 1 Tomatenscheibe und 1 Peperonihälfte legen. ⅛ l Wasser zugießen und die Auberginen im Backofen (Mitte) etwa 30 Minuten backen.

Das paßt dazu: Türkischer Reis (Pilaw; Rezept Seite 21)

Fischgerichte

In den Küstengebieten der Türkei wird vor allem im Sommer viel Fisch gegessen. So verfügt die türkische Fischküche über einen großen Reichtum an hervorragenden Rezepten. Dieses Kapitel kann Ihnen nur eine kleine Auswahl davon geben, da die meisten Fischarten hierzulande nicht - oder so gut wie nicht - zu bekommen sind. Dennoch vermitteln die nachfolgenden Kostproben einen guten Einblick in diese besondere türkische Spezialitätenküche.

Fischer-Pilaw

Gemici Pilavı

Zutaten für 4-6 Personen:
1 Tasse Reis · Salz · 2 Zwiebeln · 500 g Fischfilet (Weißfisch) · 4 hartgekochte Eier · 2 Eßl. frisch gehackte glattblättrige Petersilie · Saft von 2 Zitronen · 3 Eßl. Butter · 2 Tassen Milch · Pfeffer · Rosenpaprikapulver

- Einweichzeit: etwa 30 Minuten
- Vorbereitungszeit: etwa 35 Minuten
- Garzeit: etwa 35 Minuten

So wird's gemacht: Den Reis mit kochendem Salzwasser übergießen und 30 Minuten einweichen; dann das Wasser abgießen. • Die Zwiebeln schälen und hacken. Das Fischfilet waschen, abtrocknen und in Stücke schneiden. • Den Backofen auf 200° vorheizen. • Die Eier in Scheiben schneiden. Den Fisch, die Eier, die Zwiebeln und die Petersilie mit dem Reis sowie dem Zitronensaft vermischen. Alles in eine Auflaufform geben. • Die Butter mit der Milch verrühren und mit Salz, Pfeffer und Paprikapulver unter die Fischmasse mengen. • Das Gericht zugedeckt im Backofen (Mitte) etwa 30 Minuten backen. • Heiß servieren und grünen Salat dazu reichen.

Fischfrikadellen

Balık Köftesi

Zutaten für 4-6 Personen:
2 Eßl. Korinthen · 500 g Fischfilet (Weißfisch) · 2 Zwiebeln · Salz · 1 Scheibe altbackenes Weißbrot · 4 Eier · 4 Eßl. frisch gehackte glattblättrige Petersilie · 3 Eßl. Pinienkerne · 1 Teel. Pimentpulver · Pfeffer · Rosenpaprikapulver · reichlich Öl zum Braten · 2 Eßl. Mehl · 1 Tasse Semmelbrösel/Paniermehl · Zitronenscheiben zum Garnieren

- Vorbereitungszeit: etwa 1 Stunde
- Garzeit: 2-3 Minuten je Frikadelle

So wird's gemacht: Die Korinthen in heißes Wasser legen und abgießen. • Die Fischfilets waschen. Die Zwiebeln schälen und halbieren. Die Fischfilets und die Zwiebeln in kochendes Salzwasser geben und etwa 15 Minuten ziehen lassen. Dann abgießen und mit der Gabel zerkleinern. Den Fischsud aufbewahren. Das Brot im Fischsud einweichen und ausdrücken. • Den Fisch mit 2 Eiern, dem Brot, der Petersilie, den Pinienkernen, den Korinthen, dem Pimentpulver, Salz, Pfeffer und Paprikapulver vermengen. • Das Öl in einer Pfanne erhitzen. Aus dem Fischteig eigroße Klöße formen und diese flachdrücken. Auf einem Teller die restlichen Eier verquirlen, auf einem zweiten Teller das Mehl verteilen und auf einen dritten Teller die Semmelbrösel geben. Die Frikadellen nacheinander im Mehl, im Ei und in den Semmelbröseln wenden. Die Frikadellen in der Pfanne von beiden Seiten goldbraun braten und auf Küchenkrepp abtropfen lassen. • Die Frikadellen mit Zitronenscheiben servieren. Dazu einen gemischten Salat reichen.

Sardellen-Pilaki

Hamsi Pilakisi

»Pilaki« sind Gerichte, die mit vielen Zwiebeln, Olivenöl und Zitrone zubereitet werden.

Zutaten für 4–6 Personen:
1 kg frische Sardellen · 4 Kartoffeln · 4 Zwiebeln · 3 Zitronen (unbehandelt) · 4 milde Peperoni/Spitzpaprika · Salz · Rosenpaprikapulver · 4 Eßl. frisch gehackte glattblättrige Petersilie · ⅛ l Olivenöl

- Vorbereitungszeit: etwa 1 Stunde
- Garzeit: etwa 40 Minuten

So wird's gemacht: Die Sardellen säubern, Köpfe und Innereien entfernen und die Fische gründlich unter fließendem Wasser waschen. Die Kartoffeln waschen, schälen und in Scheiben schneiden. Die Zwiebeln schälen und in Ringe schneiden. Die Zitronen waschen, abschaben und in Scheiben schneiden. Die Peperoni waschen, von den Stielansätzen und den Kernen befreien und in Ringe schneiden. • Den Backofen auf 200° vorheizen. • Eine runde Auflaufform schichtweise füllen und jede Lage mit Salz und Paprikapulver würzen. Mit einer Lage Fisch beginnen, dann eine Gemüselage aus Kartoffeln, Zwiebeln, Peperoni und Petersilie folgen lassen; darauf eine Lage Zitronenscheiben geben. In dieser Reihenfolge die nächsten Lagen schichten und mit einer Lage Zitrone abschließen. • Das Öl darübergießen und zuletzt nochmals Petersilie darüberstreuen. ½ Tasse Wasser dazugießen, mit Alufolie abdekken und die Sardellen im Backofen (Mitte) etwa 40 Minuten backen. • Das Sardellen-Pilaki kann sowohl warm als auch kalt gegessen werden.

Kalmare-Pilaki

Kalamar Pilaki

Dieses Gericht, das auch gern mit Muscheln zubereitet wird, kann vor dem Servieren mit Zitronensaft beträufelt werden.

Zutaten für 4 Personen:
500 g tiefgefrorene Kalmare · 2 mittelgroße Zwiebeln · 6 Knoblauchzehen · 2 mittelgroße Möhren · 1 große Kartoffel · 1 kleine Sellerieknolle · Saft von 1 Zitrone · 3–4 milde Peperoni/Spitzpaprika · 3 Tomaten · ⅛ l Olivenöl · Salz · Rosenpaprikapulver · 1 Teel. Zucker · 4 Eßl. frisch gehackte glattblättrige Petersilie

- Vorbereitungszeit: etwa 50 Minuten
- Garzeit: etwa 25 Minuten

So wird's gemacht: Die Kalmare auftauen lassen. • Die Zwiebeln und die Knoblauchzehen schälen und feinhacken. Die Möhren waschen, schaben und kleinschneiden. Die Kartoffeln und den Sellerie schälen, waschen und in Würfel schneiden. Die Selleriewürfel in Zitronenwasser legen. Die Peperoni waschen, von den Stielansätzen und den Kernen befreien und in Ringe schneiden. Die Tomaen waschen und die grünen Stielansätze ausstechen. Die Tomaten kreuzweise einschneiden und kurz mit kochendem Wasser überbrühen. Die Haut abziehen und die Tomaten kleinschneiden. • Das Öl in einem Topf erhitzen. Die Zwiebeln und den Knoblauch darin glasig braten. Das Gemüse hinzufügen. Mit Salz, Paprikapulver und dem Zucker würzen. Mit 1 Tasse Wasser aufgießen. • Das Ganze bei mittlerer Hitze etwa 20 Minuten im offenen Topf kochen lassen. Die Kalmare und die Petersilie zum Gemüse geben und etwa 5 Minuten ziehen, dann abkühlen lassen. • Kalt servieren.

Krabbenauflauf

Karidesli Balık Sufle

Zutaten für 4 Personen:
100 g Reis · Salz · 500 g Fischfilet · Saft von 2 Zitronen · 2 Möhren · 1 Zwiebel · 3 Knoblauchzehen · 2 Tomaten · 4 Eßl. Öl · 4 Eier · 1 Teel. Rosenpaprikapulver · 100 g Krabben · 2 Eßl. Paniermehl/Semmelbrösel · 3 Eßl. Butter

- Vorbereitungszeit: etwa 1 Stunde
- Garzeit: etwa 25 Minuten

So wird's gemacht: Zunächst den Reis waschen und 10 Minuten lang in Salzwasser kochen, dann abgießen. • Den Fisch in kleine Stücke schneiden, mit dem Zitronensaft beträufeln und beiseite stellen. • Den Backofen auf 220° vorheizen. • Die Möhren waschen und schaben und in dünne Scheiben schneiden. Die Zwiebel und die Knoblauchzehen schälen und in sehr feine Scheiben schneiden. Die Tomaten waschen und kreuzweise einschneiden. In kochendem Wasser kurz überbrühen, dann die Haut abziehen und die Stengelansätze entfernen. Die Tomaten kleinschneiden. • Das Öl in einer Pfanne erhitzen und die Möhren, die Zwiebel, die Knoblauchzehen und die Tomaten darin 5 Minuten dünsten. Anschließend diese Tomatenmischung in eine gebutterte Auflaufform füllen. Den Reis darüber verteilen und anschließend den Fisch darauflegen. • Die Eier mit Salz und dem Paprikapulver verrühren und über den Fisch gießen. Die Krabben darauf verteilen und das Ganze mit dem Paniermehl bestreuen. Zum Schluß die Butterflöckchen gleichmäßig daraufsetzen. • Den Auflauf im Backofen (Mitte) etwa 20 Minuten backen.

Das paßt dazu: frisches Weißbrot und grüner Salat

Bonito à la Ergun

Sherry'li Palamut
Bild nebenstehend

Bonito ist eine Kleinthunfischart. Nach demselben Rezept kann man auch Makrelen zubereiten. Verwenden Sie dann 3 große Exemplare.

Zutaten für 4–6 Personen:
2 Bonitos · 4 große Zwiebeln · 2 Tomaten · 2 Eßl. frisch gehackte glattblättrige Petersilie · 2 Eßl. Tomatenmark · ⅛ l Sherry oder ¼ l Rotwein · 3 Eßl. Olivenöl · Salz · Pfeffer · Rosenpaprikapulver

- Vorbereitungszeit: etwa 30 Minuten
- Garzeit: etwa 30 Minuten

So wird's gemacht: Den Backofen auf 200° vorheizen. • Den Fisch an der Bauchseite aufschneiden, ausnehmen und gründlich waschen. Dann in etwa 3 cm dicke Scheiben schneiden und nochmals waschen. Die Zwiebeln schälen, in Scheiben schneiden und in Ringe teilen. Die Tomaten waschen und die grünen Stielansätze entfernen. Die Tomaten einschneiden, überbrühen, enthäuten und in Scheiben schneiden. • Die Fischstücke in eine Auflaufform legen, die Zwiebeln und die Tomaten darüberschichten und mit Petersilie bestreuen. Das Tomatenmark in 1 Tasse Wasser auflösen und mit dem Sherry oder dem Rotwein und dem Olivenöl in die Form gießen. Mit Salz, Pfeffer und Paprikapulver würzen. • Mit einem Deckel oder Alufolie abdecken und im Backofen etwa 30 Minuten garen. • Mit grünem Salat servieren.

Der Thunfisch für Bonito à la Ergun wird in einer Sauce aus Zwiebeln, Tomaten und Sherry im Backofen gegart. Rezept auf dieser Seite. ▷

Gefüllter Seebarsch in Folie

Yağlı Kağıtta Levrek
Bild nebenstehend

Dieses Gericht schmeckt warm und kalt sehr gut.

Zutaten für 4–6 Personen:
1 großer Seebarsch · Salz · Rosenpaprikapulver · 2 Eßl. Öl · 2 Zwiebeln · 2 Tomaten · 3 milde Peperoni/Spitzpaprika · 2 Eßl. frisch gehackte glattblättrige Petersilie

- Vorbereitungszeit: etwa 20 Minuten
- Garzeit: etwa 1 Stunde

So wird's gemacht: Den Fisch an der Bauchseite aufschneiden, ausnehmen und gründlich waschen. Den Fisch jeweils auf der linken und auf der rechten Seite viermal in gleichmäßigen Abständen einschneiden. Von innen und außen mit Salz und Paprikapulver einreiben. • Den Backofen auf 200° vorheizen. • Etwas Öl auf ein ausreichend großes Stück Alufolie verteilen. Den Fisch auf die Folie legen. Die Zwiebeln schälen und in Scheiben schneiden. Die Tomaten waschen und die grünen Stielansätze ausstechen. Die Tomaten kreuzweise einschneiden und kurz mit kochendem Wasser überbrühen. Die Haut abziehen und die Tomaten in Scheiben schneiden. Die Peperoni waschen, von Stielansätzen und Kernen befreien und in Streifen schneiden. • Die Hälfte der Zwiebeln, der Tomaten, der Peperoni und der Petersilie in den Fisch füllen, die andere Hälfte auf den Fisch legen. Mit dem restlichen Öl beträufeln. Die Alufolie sorgfältig, aber locker um den Fisch verschließen. • Den Fisch gut 1 Stunde im Backofen garen.

Das paßt dazu: grüner Salat und frisches Fladenbrot (siehe Seite 5)

◁ Der Gefüllte Seebarsch in Folie behält bei dieser schonenden Zubereitung seine wertvollen Nährstoffe. Eine Gemüsefüllung macht ihn schön saftig. Rezept auf dieser Seite.

Fischpfanne »Çınarcık«

Çınarcık usulü Balık

Zutaten für 4–6 Personen:
250 g Schwertfisch (beim Fischhändler bestellen) · 500 g Seebarsch · 250 g Krabben oder Shrimps (gefriergetrocknete oder tiefgefrorene aufgetaut) · 100 g Champignons · 2 Zwiebeln · 3–4 Knoblauchzehen · 3 Eßl. Olivenöl · 2 cl Cognac · Salz · Pfeffer · 2 Eßl. frisch gehackte glattblättrige Petersilie

- Vorbereitungszeit: etwa 30 Minuten
- Garzeit: etwa 15 Minuten

So wird's gemacht: Den Schwertfisch und den Seebarsch säubern, waschen und in kleine Stükke schneiden. Die Krabben abtropfen lassen. Größere Shrimps gegebenenfalls einmal zerteilen. Die Champignons putzen, waschen und in Scheiben schneiden. Die Zwiebeln und die Knoblauchzehen schälen und hacken. • Das Öl in einer großen Pfanne erhitzen. Die Zwiebeln und die Knoblauchzehen darin mit dem Fisch und den Krabben etwa 5 Minuten bei starker Hitze anbraten. Dann die Champignons, den Cognac, Salz und Pfeffer hinzufügen. Die Fischpfanne weitere 5 Minuten bei mittlerer Hitze braten. Zum Schluß mit der Petersilie bestreuen. • Heiß servieren.

Die Türken lieben sehr süße Nachspeisen und Kuchen. Eine dieser Spezialitäten, das Gebäck Baklava, ist weltberühmt geworden. Sie finden in diesem Kapitel aber auch weniger süße Nachspeisen wie Äpfel mit Turban, Birnen mit Schokoladenüberzug oder Topfboden.

Grießkuchen mit Zuckersirup

Revani

Zutaten für 8–10 Personen:
Für den Sirup: 1 kg Zucker · Saft von ½ Zitrone
Für den Kuchen: 6 Eier · 125 g Zucker · etwas geriebene Zitronen- und Orangenschale (unbehandelt) · 125 Mehl · 150 g Grieß · Saft von 1 Zitrone

- Vorbereitungszeit: etwa 50 Minuten
- Backzeit: 30–35 Minuten

So wird's gemacht: Für den Sirup den Zucker mit 1 Liter Wasser zum Kochen bringen und den Zitronensaft zugeben. Sollte sich an der Oberfläche Schaum bilden, diesen mit einer Schaumkelle abschöpfen. Den Sirup etwa 15 Minuten im offenen Topf bei mittlerer Hitze kochen und dann erkalten lassen. • Den Backofen auf 180° vorheizen. • Für den Kuchen die Eier und den Zucker schaumig rühren und mit der Zitronen- und Orangenschale nochmals etwa 5 Minuten schlagen. Dann das Mehl, den Grieß und den Zitronensaft unterrühren. • Den Teig in eine gefettete Springform geben und im Backofen 25–35 Minuten backen. • Den Kuchen aus der Form lösen, in eine Fettpfanne legen und in Stücke schneiden. Den Sirup auf der Kuchenoberfläche gleichmäßig verteilen. Die Fettpfanne mit Alufolie gut zudecken und den Sirup etwa 30 Minuten einziehen lassen.

Grießhelva

İrmik Helvası

Zutaten für 6–8 Personen:
200 g Butter · 100 g Pinienkerne · 200 g Grieß · ½ l Milch · 2 Teel. Zimt

- Garzeit: etwa 30 Minuten

So wird's gemacht: Die Butter in einem Topf zerlassen und die Pinienkerne darin leicht bräunen. Unter Rühren den Grieß dazugeben und weitere 3 Minuten unter ständigem Rühren bräunen. Die Milch und die Hälfte des Zuckers hinzugeben, alles gut verrühren und bei schwacher Hitze im offenen Topf so lange kochen, bis die Flüssigkeit verdampft ist; das dauert etwa 8–10 Minuten. Den Topf vom Herd nehmen, den restlichen Zucker und den Zimt auf dem Brei verteilen, den Deckel schließen und die Helva nochmals etwa 10 Minuten ziehen lassen. • Die Helva dann umrühren und servieren.

Variante: Mehlhelva
Statt Grieß Mehl und statt Pinienkernen grobgehackte Pistazien oder Walnüsse verwenden. Sonst wie oben beschrieben, jedoch ohne Zimt, zubereiten. Dann aber nicht bräunen.

Toastbrot in Zuckersirup

Ekmek Tatlısı

Zutaten für 6 Personen:
500 g Zucker · Saft von 1 Zitrone · reichlich Öl zum Braten · 6 Scheiben Toastbrot oder altbackenes Weißbrot · 3 Eier · 3 Eßl. gehackte Hasel- oder Walnüsse

- Garzeit: etwa 30 Minuten
- Ruhezeit: etwa 30 Minuten

So wird's gemacht: Für den Sirup den Zucker mit ½ l Wasser und dem Zitronensaft in einem Topf etwa 15 Minuten kochen lassen und erkalten lassen. • Das Öl in einer Pfanne erhitzen. • Die Toastscheiben diagonal teilen. Die Eier verquirlen, das Brot darin wenden und in der Pfanne von beiden Seiten goldbraun braten. Die Brotscheiben auf Küchenkrepp abtropfen lassen und in den Sirup legen. Nach etwa 30 Minuten mit einem Schaumlöffel herausnehmen, auf einer Servierplatte anrichten und mit den gehackten Nüssen verzieren.

Nuß-Honig-Schnitten

Baklava
Bild Seite 28

Zutaten für 4–6 Personen:
500 g tiefgefrorener Blätterteig · 100 g Pistazien · 250 g Walnüsse · 75 g Mandeln · 100 g Butter · 250 g Honig · Saft von ½ Zitrone · 3 Eßl. Orangensaft

- Zubereitungszeit: etwa 1 Stunde
- Backzeit: etwa 40 Minuten
- Zeit zum Ziehen: über Nacht

So wird's gemacht: Den Blätterteig auftauen lassen. • Den Backofen auf 180° vorheizen. • Den Boden einer Kastenform mit Alufolie auslegen. Den Formrand und die Alufolie gut einfetten. Jede Teigplatte ausrollen, so daß sie doppelt so groß ist wie der Boden der Kastenform; dann halbieren. • Die Pistazien und die Walnüsse hacken, die Mandeln feinmahlen. Alles gut vermischen. Die Butter zerlassen. • Eine Teigplatte in die Form legen, mit Butter bepinseln, mit Nußmischung bestreuen und wieder mit einer Teigplatte bedecken. Diesen Vorgang so lange wiederholen, bis alle Teigplatten aufgebraucht sind. Oben mit einer Teigplatte abschließen. Das Gebäck im Backofen (unten) etwa 15 Minuten backen; dann für etwa 25 Minuten in den Backofen (Mitte) schieben. • Inzwischen den Honig bei schwacher Hitze in einem Topf heiß werden lassen. Den Zitronen- und den Orangensaft unterrühren. • Den Sirup über den fertigen Kuchen gießen und über Nacht einziehen lassen. Baklava in Scheiben schneiden und mit türkischem Mokka servieren.

Kandil-Ringe

Kandil Simidi

Dieses Gebäck wird vor allem während der Kandil-Feiertage angeboten; daher der Name.

Zutaten für 6–8 Personen:
1 Ei · 4 Eßl. Olivenöl · 4 Eßl. Joghurt · 1 Eßl. Mahleb (Wildkirschenpulver aus dem türkischen Spezialgeschäft) · 250 g Butter · 2 Teel. Salz · ½ Teel. Backpulver · 500 g Mehl · 50 g Sesamsamen und 50 g Çörek Otu (Schwarzkümmel aus dem türkischen Spezialgeschäft)

- Vorbereitungszeit: etwa 50 Minuten
- Backzeit: 25–30 Minuten

So wird's gemacht: Den Backofen auf 180° vorheizen. • Das Ei trennen. Das Öl, den Joghurt, das Mahleb, die Butter, das Salz, das Backpulver und das Eigelb gut miteinander verrühren. Das Mehl nach und nach unterarbeiten, bis ein geschmeidiger Teig entsteht. • Bei Bedarf etwas Mehl hinzufügen. • Daraus eigroße Bällchen formen. Diese zu fingerdicken »Würstchen« rollen und zu Ringen mit einem Durchmesser von 6–7 cm legen. Die Enden zusammendrücken. • Die Ringe auf ein gebuttertes Blech legen, mit Eiweiß bestreichen und je zur Hälfte mit Sesamsamen und mit Schwarzkümmel bestreuen. 25–30 Minuten im Backofen backen.

Birnen mit Schokoladenüberzug

Çukulatalı Armut

Zutaten für 6 Personen:
400 g Zucker · Saft von 1 Zitrone · 4 große Birnen · 1 Eßl. Butter · 100 g Blockschokolade · 2 Eßl. gehackte Pistazien

- Vorbereitungszeit: etwa 25 Minuten
- Garzeit: etwa 15 Minuten

So wird's gemacht: Für den Sirup den Zucker mit ½ l Wasser und dem Zitronensaft im offenen Topf etwa 10 Minuten lang bei mittlerer Hitze kochen lassen. • Inzwischen die Birnen waschen, das Kerngehäuse mit einem Apfelstecher entfernen und die Birnen schälen. Dann in einen Kochtopf legen, den heißen Sirup darübergießen, mit Pergamentpapier abdecken und mit einem Teller beschweren. Die Birnen zum Kochen bringen; dann sofort vom Herd nehmen und abkühlen lassen. • Für die Schokoladensauce die Butter und die Schokolade in einen Topf geben und im Wasserbad bei mittlerer Hitze unter Rühren schmelzen. • Die Birnen mit einer Schaumkelle auf Portionsteller stellen und mit der warmen Schokoladensauce überziehen. Mit den gehackten Pistazien verzieren.

Äpfel mit Turban

Türbanlı Elma
Bild 3. Umschlagseite

Zutaten für 4 Personen:
4 mittelgroße süße Äpfel · 200 g Zucker · 150 g gehackte Haselnüsse · 1 Eßl. Sultaninen · 2 Teel. Zimt · 1 Teel. Pimentpulver · 1 Päckchen Vanillinzucker · 2 Eiweiße

- Vorbereitungszeit: etwa 30 Minuten
- Garzeit: 40–50 Minuten

So wird's gemacht: Die Äpfel waschen und das Kerngehäuse mit einem Apfelausstecher entfernen. • Den Backofen auf 150° vorheizen. • Die Äpfel mit dem Zucker und 1 Tasse Wasser etwa 10 Minuten im geschlossenen Topf kochen lassen. Mit einer Schaumkelle die Äpfel aus dem Sirup nehmen. Den Sirup aufbewahren. • Die Haselnüsse, die Sultaninen, den Zimt, das Pimentpulver und den Vanillinzucker vermischen und in die Äpfel füllen. Dann die Äpfel in eine gefettete Auflaufform setzen. • Die Eiweiße zu steifem Schnee schlagen und unter Rühren 1 Eßlöffel Sirup hinzufügen, so daß eine Creme entsteht. Diese Creme in einen Spritzbeutel füllen und turbanförmig auf die Äpfel spritzen (oder den Turban mit einem Löffel aufsetzen). • Die Äpfel im Backofen 40–50 Minuten leicht braun werden lassen. • Die Äpfel kalt servieren und den restlichen Sirup als Sauce dazu reichen.

Apfelrollen

Elmalı Kurabiye

Zutaten für 8–10 Personen:
3 saure Äpfel · 3 Teel. Zimt · 200 g Hasel- oder Walnüsse · 375 g Mehl · 250 g weiche Butter · 1 Eßl. Joghurt · 1 Teel. Backpulver · etwas geriebene Zitronenschale (unbehandelt) · 4 Eßl. Puderzucker · ½ Päckchen Vanillinzucker · Puderzucker zum Bestreuen nach Belieben

- Vorbereitungszeit: etwa 1½ Stunden
- Backzeit: etwa 30 Minuten

So wird's gemacht: Die Äpfel waschen, schälen, vom Kerngehäuse befreien und reiben. • In einem Topf den Zucker mit den Äpfeln unter Rühren zum Kochen bringen und etwa 10 Minuten bei mittlerer Hitze im offenen Topf garen. Dann die Mischung erkalten lassen, den Zimt und die Nüsse hinzufügen und nochmals umrühren. • Für den Teig das Mehl in eine Schüssel geben und in die Mitte eine Vertiefung drükken. Die Butter, den Joghurt, das Backpulver, die Zitronenschale, den Puderzucker und den Vanillezucker hineingeben, alles verrühren und nach und nach mit dem Mehl zu einem Teig vermengen. • Den Backofen auf 180° vorheizen. • Den Teig in eigroße Portionen teilen und diese mit der Handfläche oder mit der Backrolle zu flachen Plätzchen formen. Auf einer Schmalseite etwas Apfelmus verteilen, den Teig aufrollen und mit der Nahtstelle nach unten auf ein gefettetes Backblech legen. • Im Backofen (oben) etwa 30 Minuten backen. • Vor dem Servieren die Apfelrollen nach Belieben mit Puderzucker überstreuen.

Quitten in Sirup

Ayva Tatlısı

Zutaten für 6–8 Personen:
Saft von 1 Zitrone · 4 Quitten (vom Markt oder aus dem türkischen Fachgeschäft von Oktober bis März) · 400 g Zucker · ½ Teel. Gewürznelken · 125 g Schlagsahne · 4 Teel. gehackte Hasel- oder Walnüsse · 1 Teel. Zimt

- Vorbereitungszeit: etwa 40 Minuten
- Garzeit: etwa 30 Minuten

So wird's gemacht: Den Zitronensaft mit Wasser in eine Schüssel geben. Die Quitten waschen, schälen, halbieren und mit einem Löffel die Kerne entfernen. Die Früchte gleich in die Schüssel legen, bis alle Quitten vorbereitet sind. Dann die Früchte herausnehmen und in einen Topf füllen. Den Zucker darüberstreuen, die Nelken dazugeben und mit ¼ l Wasser aufgießen. Das Ganze zum Kochen bringen und im offenen Topf bei mittlerer Hitze in etwa 30 Minuten weich kochen. • Die Quitten mit einem Schaumlöffel herausnehmen, auf eine Servierplatte legen und abkühlen lassen. • Inzwischen die Schlagsahne mit 2–3 Eßlöffeln von dem Sirup steif schlagen. Auf die Quitten verteilen und mit den Nüssen und dem Zimt verzieren. Den Sirup als Sauce separat dazu reichen.

Frauenfinger

Hanım Parmağı

Zutaten für 6–8 Personen:
1 kg Zucker · Saft von ½ Zitrone · 100 g Butter · 1 Prise Salz · 300 g Mehl · 4 Eier · reichlich Öl zum Fritieren

- Vorbereitungszeit: etwa 1½ Stunden
- Fritierzeit: 2–3 Minuten je Portion

So wird's gemacht: Für den Sirup den Zucker mit 1 l Wasser zum Kochen bringen und den Zitronensaft dazugeben. Sollte sich an der Oberfläche Schaum bilden, diesen mit einer Schaumkelle entfernen. Den Sirup bei mittlerer Hitze im offenen Topf etwa 15 Minuten lang kochen; dann erkalten lassen. • ⅜ l Wasser erhitzen. Die Butter in einem Topf zerlassen, das Salz hinzufügen und mit dem heißen Wasser zum Kochen bringen. Das Mehl einrühren. Die Hitze reduzieren und den Teig mit einem Holzlöffel etwa 10 Minuten lang rühren; dann etwas abkühlen lassen. • Die Eier hineinschlagen und unter den Teig arbeiten; dann gut durchkneten. Aus dem Teig etwa 6 cm lange fingerförmige Stangen formen. • In einem Fritiertopf Öl auf 175° erhitzen und die Stangen darin goldbraun backen. Das Gebäck mit einer Schaumkelle aus dem Öl heben und auf Küchenkrepp abtropfen lassen. • Die heißen Küchlein in den Sirup geben. •

Nach etwa 15 Minuten mit einer anderen Schaumkelle herausnehmen und servieren. So fortfahren, bis aller Teig aufgebraucht ist.

Variante: Frauennabel
Von demselben Teig walnußgroße Bällchen formen, diese etwas zusammendrücken und in der Mitte des Teiges mit dem Finger eine Vertiefung hineindrücken. Die so vorbereiteten Kugeln genauso zubereiten wie die Frauenfinger.

Hühnerbrustpudding

Tavuk Göğsü

Die Verwendung von Hähnchenbrustfilets für eine süße Nachspeise ist sehr ungewöhnlich. Dieses Gericht mit alter Tradition wird in der Türkei sehr geschätzt.

Zutaten für 6 Personen:
2 Hähnchenbrustfilets · 1 l Milch · 400 g Zucker · 100 g Reismehl · einige Tropfen Rosenwasser (aus der Apotheke) · 1 Teel. Zimt

- Zeit zum Wässern: etwa 4 Stunden
- Zubereitungszeit: etwa 30 Minuten
- Garzeit: etwa 50 Minuten

So wird's gemacht: Die Hähnchenbrustfilets von Wasser bedeckt aufkochen lassen und bei schwacher Hitze im geschlossenen Topf etwa 30 Minuten lang kochen. • Das Fleisch dann 3–4 Stunden in eine Schüssel mit reichlich Wasser legen, wobei das Wasser alle 30 Minuten erneuert werden muß. Anschließend die Hähnchenbrustfilets zerzupfen, unter fließendem Wasser abspülen und gut abtropfen lassen. • In einem Topf die Milch mit dem Zucker zum Kochen bringen. • In einen anderen Topf das Hähnchenfleisch geben und mit der Milch angießen, bis das Fleisch knapp bedeckt ist. Das Ganze im geöffneten Topf bei mittlerer Hitze unter ständigem Rühren etwa 15 Minuten kochen lassen. • Das Reismehl in 1 Tasse abgekühlter Milch glatt rühren. Die restliche Milch zu der Fleisch-Milch-Mischung geben. Das angerührte Reismehl und das Rosenwasser hinzufügen und alles gut verrühren, bis die Masse dicklich wird. Dann den Topf vom Herd nehmen und weitere 5 Minuten rühren, bis das Hähnchenfleisch ganz zerfallen ist. • Den Pudding in Portionsschälchen füllen und mit Zimt bestreuen.

Topfboden

Kazan Dibi

Der Name dieses Gerichts kommt daher, daß die fertige Speise mit der Unterseite (dem »Topfboden«) nach oben serviert wird.

Zutaten für 4–6 Personen:
1 l Milch · 500 g Zucker · 4 Eßl. Reismehl · 4–6 Eßl. Puderzucker · 3 Eßl. Rosenwasser (im türkischen Spezialgeschäft als »Gül Suyu« zu kaufen)

- Garzeit: etwa 30 Minuten

So wird's gemacht: In einem Topf die Milch, den Zucker und das Reismehl unter Rühren so lange kochen, bis ein dicker Brei entsteht. Das dauert etwa 10 Minuten. • In einer runden, gefetteten Auflaufform 4 Eßlöffel Puderzucker auf dem Boden verteilen und den Brei daraufgießen. Die Form etwa 10 Minuten auf eine Herdplatte bei mittlerer Hitze stellen und ab und zu drehen. • Den Pudding abkühlen lassen, auf eine Servierplatte stürzen, so daß die braune Seite oben liegt. • Den »Topfboden« mit dem Rosenwasser beträufeln, in Stücke schneiden und mit dem restlichen Puderzucker bestäubt servieren.

Rezept- und Sachregister

Kursiv gesetzte Seitenzahlen verweisen auf Farbbilder

Almsuppe 8
Annemin İmam Bayıldı'sı 20
Äpfel mit Turban 52, *3. Umschlagseite*
Apfelrollen 52
Artischocken mit Möhren und Erbsen 11
Auberginen mit Hackfleischfüllung 43
Auberginen mit Mayonnaise 25
Auberginen-Musaka 36, *37*
Auberginensalat 25
Augenschmaus 20
Ayran 5
Ayva Tatlısı 53

Baklava *28,* 51
Balık Çorbası 9
Balık Köftesi 44
Besonderheiten der türkischen Küche 5
Beyin Sufle 35
Birnen mit Schokoladenüberzug 52
Blumenkohlsalat 15
Bohnen, Dicke Bohnen in Olivenöl 14
Bohnen, Grüne Bohnen in Olivenöl 20
Bohnen, Rote Bohnen in Olivenöl 21
Bohnen, Weiße Bohnen mit Fleisch 42
Bohnen, Weiße-Bohnen-Salat 22
Bonito à la Ergun 46, *47*
Botschaftersuppe 9
Bulgur Pilavı 14

Cacık 26, *27*
Çılbır 32
Çınarcık usulü Balık 49
Çoban Salatası 26, *27*
Çukulatalı Armut 52

Den Imam hat's umgehauen *Umschlag-Vorderseite,* 13
Dicke Bohnen in Olivenöl 14
Domates soslu kızartma 19
Düğün Çorbası 7

Eier, Pochierte Eier auf Knoblauch-Joghurt 32
Eier, Rührei mit Gemüse 32
Ekmek Tatlısı 50
Elmalı Kurabiye 52
Erbsen, Artischocken mit Möhren und Erbsen 11

Fırında Sütlü Pırasa 40
Fischer-Pilaw 44
Fischfrikadellen 44
Fischpfanne »Çınarncık« 49
Fischsuppe 9
Fladenbrot 5
Fleisch, Marinierte Fleischspießchen *2. Umschlagseite,* 35
Frauenfinger 53
Frauenschenkel 34
Frikadellen-Spießchen aus dem Backofen (Variante) 40

Gefüllte Weinblätter *38,* 39
Gefüllter Seebarsch in Folie *48,* 49
Gegrillte Frikadellen-Spießchen 40
Gemici Pilavı 44
Gemischter Reis 24
Gemüse mit Tomatenpüree 19
Gemüse, Hirn mit Gemüse 35
Gemüse, Rührei mit Gemüse 32
Gemüse, Weizengrütze mit Gemüse 14
Grießhelva 50
Grießkuchen mit Zuckersirup 50
Grüne Bohnen in Olivenöl 20
Grüne Linsensuppe 10
Gurken mit Joghurt 26, *27*

Hackfleisch, Auberginen mit Hackfleischfüllung 43
Hackfleisch, Nudeln mit Joghurt und Hackfleischsauce 31
Hackfleisch, Nudeltäschchen mit Hackfleischfüllung 31
Hähnchen mit Spinat 34
Hähnchenklöße 33
Hähnchentopf 33
Hamsi Pilakisi 45
Hanım Parmağı 53
Havuç ve Bezelyeli Enginar 11
Hirn mit Gemüse 35
Hirn, Kartoffel-Hirn-Frikadellen 42
Hirtensalat 26, *27*
Hochzeitssuppe 7
Honig, Nuß-Honig-Schnitten *28,* 51
Hühnerbrustpudding 54

İç Pilav 24
İmam Bayıldı 13
İrmik Helvası 50
İşkembe Çorbası 10
Ispanak Püreli Tavuk 34
Joghurt 5
Joghurt, Gurken mit Joghurt 26, *27*
Joghurt, Nudeln mit Joghurt und Hackfleischsauce 31
Joghurt, Pochierte Eier auf Joghurtsauce 32

Kabak-Havuç Yemeği 15
Kadın Budu Köfte 34
Kafesli Pilav 24
Kalamar Pilaki 45
Kalmare-Pilaki 45
Kandil Simidi 51
Kandil-Ringe 51
Karidesli Balık Sufle 46
Karidesli Pilav 23
Karnabahar Salatası 15
Karnıyarık 43
Kartoffel-Hirn-Frikadellen 42
Kaşar-Käse 5
Käse, Teigblätter mit Käsefüllung 29
Käse, Zucchini mit Käse 16, *17*
Kazan Dibi 54
Kestaneli Pilav 22
Kichererbsen mit Kutteln 41

Rezept- und Sachregister

Kış Türlüsü 39
Kıymalı Ispanak 41
Kıymalı Yaprak Dolması *38,* 39
Knoblauch-Joghurt 5
Knoblauch, Pochierte Eier
auf Knoblauch-Joghurt 32
Krabbenauflauf 46
Krabbenreis 23
Krabben, Kalmare-Pilaki 45
Kuru Fasülye 42
Kuttelflecksuppe 10
Kutteln, Kichererbsen
mit Kutteln 41

Lahmacun 29
Lauch in Olivenöl 15
Lauch, Überbackener Lauch 40
Linsen, Grüne Linsensuppe 10

Makarna Mantısı 31
Mantı 31
Marinierte Fleischspießchen *2. Umschlagseite,* 35
Maroni, Reis mit Kastanien 22
Mayonezli Patlıcan 25
Menemen 32
Mengenangaben 6
Minzblätter 5
Möhren, Artischocken
mit Möhren und Erbsen 11
Möhren, Zucchini-Möhren-
Gericht 15
Mücver 16
Musaka, Auberginen-
Musaka 36, *37*

Nohultu İşkembe yahnisi 41
Nudeln mit Joghurt
und Hackfleischsauce 31
Nudeltäschchen mit Hackfleisch-
füllung 31
Nuß-Honig-Schnitten *28,* 51

Okra 5
Okra in Olivenöl *18,* 19

Paprika-Butter 5
Paprikapulver 5
Patatesli Beyin Köftesi 42
Patlıcan Musakka 36, *37*
Patlıcan Salatası 25
Peynirli Börek 29
Peynirli kabak 16, *17*
Pide 5
Pilav Pastası 23
Pinienkerne, Weinblätter, gefüllt
mit Reis und Pinienkernen 12
Pirinç Pilavı 21
Piyaz 22
Pochierte Eier auf Knoblauch-
Joghurt 32

Quitten in Sirup 53

Reis im Käfig 24
Reis mit Kastanien 22
Reiskuchen 23
Reis, Gemischter Reis 24
Reis, Krabbenreis 23
Reis, Türkischer Pilaw 21
Reis, Weinblätter, gefüllt mit Reis
und Pinienkernen 12
Revani 50
Rote Bohnen in Olivenöl 21
Rührei mit Gemüse 32

Sahil Çorbası 7
Sardellen-Pilaki 45
Seebarsch, Gefüllter Seebarsch
in Folie *48,* 49
Sefir Çorbası 9
Sellerie in Olivenöl 11
Sherry'li Palamut 46, *47*
Sigara Böreği 30
Şiş Kebab *2. Umschlagseite,* 35
Şiş Köfte 40
Soğan Çorbası 8
Spinattopf 41
Spinat, Hähnchen mit Spinat 34
Strandsuppe 7

Tavuk Göğsü 54
Tavuk Güveci 33
Tavuk Köftesi 33
Teigblätter mit Käsefüllung 29
Teigröllchen 30
Toastbrot in Zuckersirup 50
Tomaten, Gemüse mit Tomaten-
püree 19
Topfboden 54
Türbanlı Elma 52, *3. Umschlagseite*
Türkische Pizza 29
Türkischer Pilaw 21

Überbackener Lauch 40

Weinblätter 6
Weinblätter, gefüllt mit Reis
und Pinienkernen 12
Weinblätter, Gefüllte
Weinblätter *38,* 39
Weiße Bohnen mit Fleisch 42
Weiße-Bohnen-Salat 22
Weizengrütze mit Gemüse 14
Wintereintopf 39

Yağlı Kağıtta Levrek *48,* 49
Yayla Çorbası 8
Yeşil-Mercimek Çorbası 10

Zeytinyağlı Bamya *18,* 19
Zeytinyağlı Barbunya 21
Zeytinyağlı Kereviz 11
Zeytinyağlı Pırasa 15
Zeytinyağlı Taze Bakla 14
Zeytinyağlı Taze Fasülye 20
Zeytinyağlı Yaprak dolması 12
Zimt 6
Zucchini mit Käse 16, *17*
Zucchini-Möhren-Gericht 15
Zucchinifladen 16
Zuckersirup 6
Zuckersirup, Grießkuchen
mit Zuckersirup 50
Zuckersirup, Toastbrot
in Zuckersirup 50
Zwiebelsuppe 8

Die vorgegarten Äpfel werden mit ▷ einer Masse aus Haselnüssen, Sultaninen und Gewürzen gefüllt. Mit dem Eischnee-Turban als Krönung werden sie überbacken. Rezept Seite 52.